SUPERCARS
LAMBORGHINI
COUNTACH

A Giorgia, e all'immensità delle sensazioni impossibili a tradursi in parole.
To Giorgia, and to the immensity of sensations impossible to put into words.

Giorgio Nada Editore Srl

Coordinamento editoriale/Editorial manager
Leonardo Acerbi

Redazione/Editorial
Giorgio Nada Editore

Copertina, progetto grafico e impaginazione/Cover, graphic Design and layout
Sansai Zappini

Post produzione immagini/Image editing
Nicola Dini

Traduzione/Translation
Neil Davenport

© 2022 Giorgio Nada Editore, Vimodrone (Milano)

TUTTI I DIRITTI RISERVATI
È vietata la riproduzione dell'opera o di parti di essa in qualsiasi forma e con qualsiasi mezzo, compresa stampa, copia fotostatica, memorizzazione elettronica, riproduzione su internet, diffusione on line e qualsiasi altra forma di archiviazione, senza la preventiva autorizzazione scritta da parte di Giorgio Nada Editore Srl

All rights reserved
The reproduction of this book or any part of it is forbidden in any form and by any means, including print, photocopying, electronic storage, reproduction or distribution online and any other form of archiving without prior written permission from Giorgio Nada Editore Srl

Giorgio Nada Editore
Via Claudio Treves, 15/17
I – 20055 VIMODRONE MI
Tel. +39 02 27301126
Fax +39 02 27301454
E-mail: info@giorgionadaeditore.it
http://www.giorgionadaeditore.it

| Allo stesso indirizzo può essere richiesto il catalogo di tutte le opere pubblicate dalla Casa Editrice. | *The catalogue of Giorgio Nada Editore publications is available on request at the above address.* |

Distribuzione/Distribution:
Giunti Editore Spa
via Bolognese 165
I – 50139 FIRENZE
www.giunti.it

SUPERCARS: LAMBORGHINI COUNTACH
ISBN: 978-88-7911-861-3

Fonti iconografiche/Picture sources
La maggior parte delle immagini pubblicate in questo libro sono state fornite dall'Editoriale Domus / Quattroruote.
In dettaglio:
The majority of the images published in this book were provided by Editorial Domus / Quattroruote. Specifically:

4-5, 6-7, 9, 19, 22, 28 alto/top, 31, 34, 36-37, 39 basso/bottom, 44, 47, 48, 49, 52, 56-57, 63 alto/top, 66, 70, 71, 74, 76, 77, 78, 79, 80, 81, 82-83, 84, 85, 86, 87, 88, 89, 90, 91, 92, 93, 94-95, 96, 97, 98-99, 100, 101, 102, 103, 105, 106, 107, 108-109, 111, 112-113, 114, 115, 116 alto/top, 119, 120, 121, 122-123, 124, 125, 130, 131, 132, 133, 134-135, 136, 137, 138, 139, 140-141, 142, 145, 146. 147, 149, 150, 151, 152-153, 154, 155, 156, 157, 158, 159, 160, 164, 165, 166-167

Altre immagini provengono dai seguenti archivi / *Further images were drawn from the following archives*:
Archivio Giorgio Nada Editore (Fondi Novafoto-Sorlini, Franco Villani)

www.giorgionadaeditore.it   www.libreriadellautomobile.it

Francesco Patti

SUPERCARS
LAMBORGHINI
COUNTACH

GIORGIO NADA EDITORE

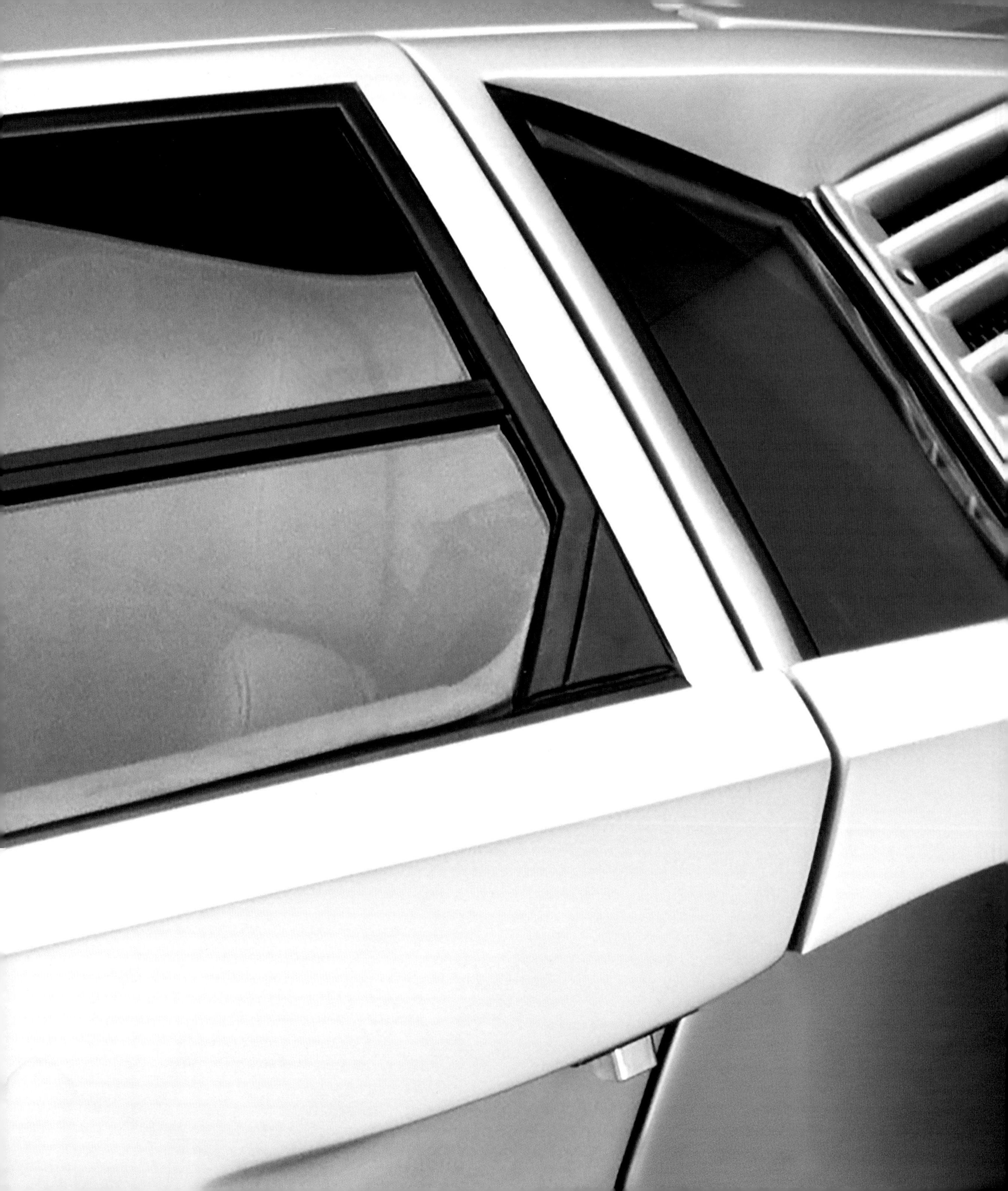

SOMMARIO / CONTENTS

Prefazione/Foreword Marcello Gandini	**6**
Introduzione/Introduction	**8**
Renazzo	**10**
Automobili Ferruccio Lamborghini	**18**
Nasce la Countach / **Birth of the Countach**	**40**
La LP 400 / **The LP 400**	**72**
La Countach S / **The Countach S**	**104**
Cilindrata 5000 48 valvole / **Displacement 5000 48 valves**	**118**
Il prototipo evoluzione / **The evoluzione prototype**	**144**
25° Anniversario / **25th Anniversary**	**148**

Nell'estate del 1970 alla carrozzeria Bertone si è iniziato a pensare a una nuova show-car per il Salone di Ginevra dell'anno successivo. Sarebbe stata una Lamborghini, ma avrebbe dovuto essere molto diversa dalla Miura.

L'ingegner Stanzani aderì subito a questa idea e cominciò, con il suo ufficio, una nuova ricerca per una meccanica non convenzionale. Intanto io mi occupavo dello stile con un modello in scala da provare nella galleria del vento. L'unica mia richiesta fu di posizionare i radiatori nella parte posteriore.

L'idea principale era che ogni nuova Lamborghini dovesse essere diversa da altre vetture in produzione, ma soprattutto diversa dalle Lamborghini precedenti. Così fu fatto, con un risultato pari all'effetto ricercato, anche se ci sono voluti almeno due anni prima che la sua linea venisse generalmente accettata, cosa, forse, che ha permesso poi alla Countach di rimanere in produzione per diciassette anni.

L'augurio è di poterne fare una nuova!

In the summer of 1970, the stylists at Carrozzeria Bertone began thinking about a new show car for the following year's Geneva Motor Show. It would be a Lamborghini, but would have to be very different to the Miura.

Ingegner Stanzani was immediately on board with this idea and with his department set about researching a non-conventional mechanical specification. In the meantime, I worked on the styling with a scale model to be tested in the wind tunnel. All I asked was for the radiators to be located at the back.

The underlying idea was that every new Lamborghini should be different to the other cars in production, but above all different to the previous Lamborghinis. So it was, with a result that met the terms of this brief, although it would be at least two years before its lines were generally accepted, a factor that perhaps contributed to the Countach remaining in production for 17 years.

Let's hope we have a chance to create a new one!

Marcello Gandini

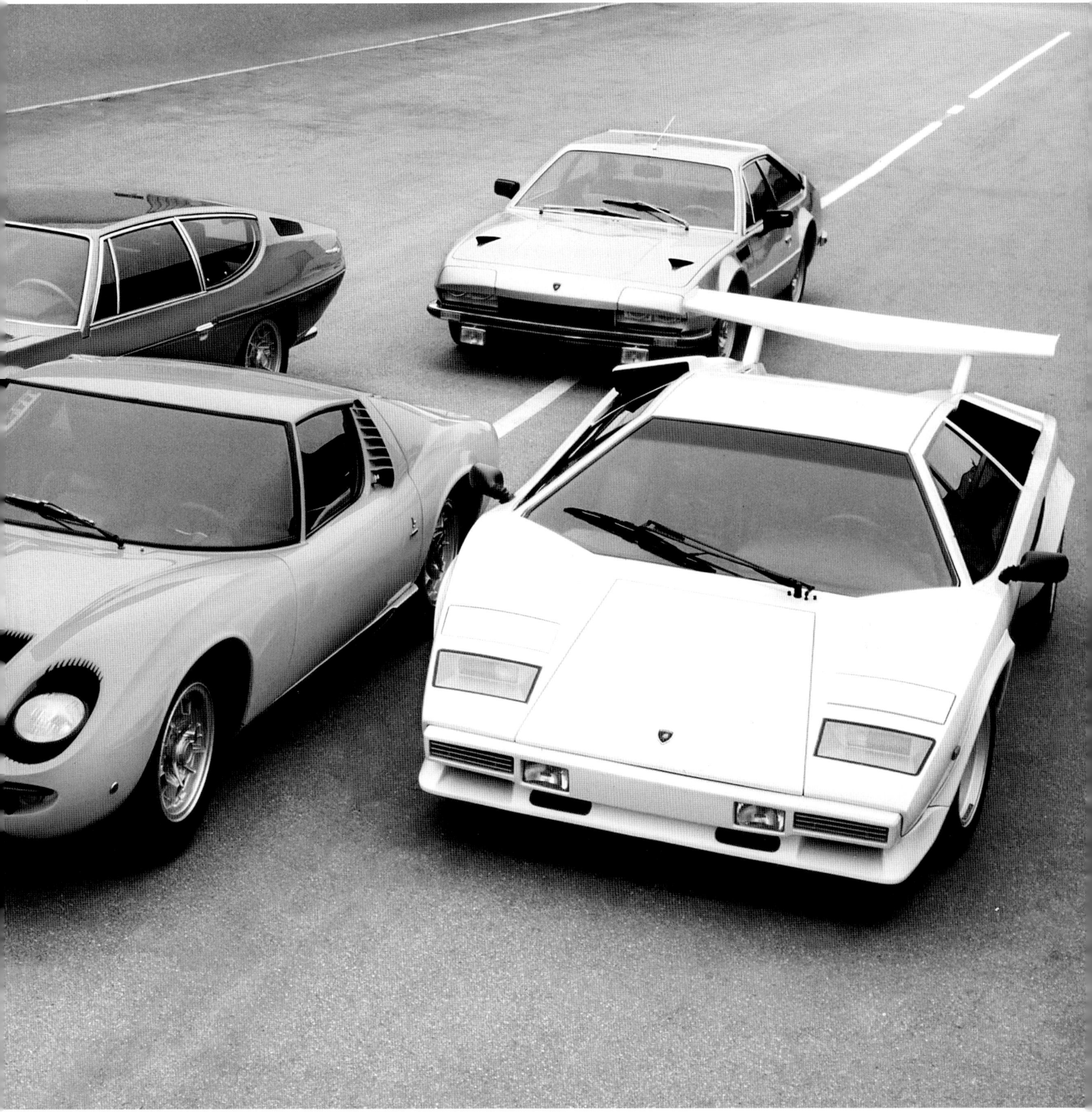

INTRODUZIONE
INTRODUCTION

Non ne esiste conferma visiva, ma quando Leonardo Acerbi, nel dicembre 2020, mi ha proposto di realizzare una monografia per la Lamborghini Countach, è pressoché certo che l'emozione di quel momento si sia tramutata in un ampio sorriso sul mio volto mentre reggevo il cellulare a testa bassa davanti la porta di casa. Ecco, io dico che quel sorriso sarebbe stato da fotografare a robusta testimonianza della contentezza che ho provato. Alla storia e all'evoluzione del marchio Lamborghini mi sono progressivamente interessato sempre spinto dalla mia passione per le automobili. Per la Casa di Sant'Agata Bolognese la Countach ha costituito un simbolo di altissimo livello grazie alle sue caratteristiche fortemente distintive che la rendono impossibile da ricondurre ad altre auto, attribuendole un prestigioso capitolo nell'olimpo delle vetture ad alte prestazioni.

No visual evidence exists, but when in the December of 2020 Leonardo Acerbi suggested that I might write a monograph about the Lamborghini Countach, it is virtually certain that the emotion of the moment translated into a beaming smile as I held the phone to my ear at my front door. I'd say that smile was worthy of a photograph as incontrovertible evidence of the happiness I felt at that moment.
I'd become ever more interested in the history and evolution of the Lamborghini marque, encouraged by an innate passion for cars. For the firm from Sant'Agata Bolognese, the Countach represented a remarkable symbol thanks to highly distinctive features that made it absolutely unmistakable and ensured that it would gain a prestigious place in the pantheon of high performance cars. This explains why so many

Nell'arco di diciassette anni di produzione, la Countach è fondamentalmente rimasta uguale a se stessa a testimonianza di una linea nata guardando al futuro. Nella foto, la LP 400 d'esordio (la Periscopio) di colore giallo, affiancata da una LP 5000 Quattrovalvole bianca; dietro, una LP 400 S blu precede una Anniversary in tinta argento.

Over the course of its 17-year production career, the Countach remained fundamentally true to itself, testifying to the quality of its futuristic styling. In the photo, the original LP 400 (the Periscope) in yellow, flanked by a white LP 5000 Quattrovalvole, behind them a blue LP 400 heads a silver Anniversary.

Si spiega in questo modo come tantissimi appassionati d'auto abbiano avuto da adolescenti un poster della Countach appeso in cameretta o ne tenessero una foto appiccicata nelle pagine del diario di scuola, così come una sua immagine abbia ornato le pareti di numerose autoscuole ed officine.

Di rientro dalle mie sessioni fotografiche a seguito di meeting dedicati alle automobili Lamborghini, mi viene costantemente chiesto «C'erano Countach?», mandando così istantaneamente in secondo piano gli altri modelli della marca emiliana e attribuendo alla Countach un livello prioritario e rappresentativo, profondamente inciso nella percezione collettiva. Scrivere in merito alla Countach mi ha portato per lungo tempo a consultare dettagliatamente libri, riviste, filmati, pagine web e ascoltare testimonianze di concessionari, tecnici, collaudatori, appassionati. È stato impegnativo districarsi tra informazioni differenti se non addirittura contrastanti, ma anche per questo ho provato forte l'orgoglio di firmare un'opera dedicata alla Lamborghini Countach.

L'autore

adolescent car enthusiasts had a poster of the Countach on the walls of their bedrooms or kept a photograph glued into the pages of their school diaries and why photographs of the car adorned so many driving schools and workshops.

When I get back from my photography shoots at the meetings dedicated to Lamborghini cars, I'm always asked "Where there any Countachs?", instantly relegating all the Emilian marque's other models and attributing to the Countach a privileged and representative role, profoundly engraved in the perception of the Countach that for years has led me to consult in detail books, magazines, film clips, web pages and audio recordings from dealers, mechanics, testers and enthusiasts. It was a challenge to pick a way through differing accounts and at times contrasting pieces of information, but this has only increased my sense of pride at having written a book devoted to the Lamborghini Countach.

The author

RENAZZO

Ferruccio Lamborghini nasce il 28 aprile del 1916 a Renazzo, frazione di Cento che deve il proprio nome al vicino passaggio del fiume Reno. È il primogenito di Antonio ed Evelina Govoni che, dopo di lui, metteranno al mondo Giorgio, Maria Pia, Edmondo e Silvio, tutti avviati prestissimo ai poderi di famiglia per la coltivazione della canapa e l'allevamento di cavalli, impieghi comuni a moltissime casate della zona. Terminata la scuola elementare, Ferruccio si iscrive all'istituto di formazione professionale Fratelli Taddia e infastidisce il padre quando entra come apprendista nella bottega di Giuseppe Ferioli, stimato fabbro del luogo, mostrando quindi riluttanza a seguire le orme paterne nella conduzione dei campi e preferendo le tecniche della lavorazione del ferro. La piccola motocicletta comprata con i primi guadagni gli

Ferruccio Lamborghini was born on the 28th of April 1916, at Renazzo, near Cento, a locality that owed its name to the nearby River Reno. He was the first child of Antonio Lamborghini and Evelina Govoni who, after him were to bring into the world Giorgio, Maria Pia, Edmondo and Silvio, all soon put to work on the family lands cultivating hemp and raising horses, professions that were common among many families in the area. Once he had finished elementary school, Ferruccio enrolled at the Fratelli Taddia professional training institute and irritated his father by taking up a position as an apprentice in the workshop of Giuseppe Ferioli, a well-respected local craftsman, thereby showing a preference for metalworking rather than farming like his father. The small motorcycle purchased with his first wages allowed him to travel to Bologna regularly

permette di recarsi spesso a Bologna, a respirare un'aria cittadina, fonte di mille stimoli per lui, "goloso" di nuove conoscenze. Trova impiego nel capoluogo emiliano presso un'azienda specializzata nella manutenzione degli autocarri in dotazione all'Esercito Italiano. Racconterà che l'esperienza lo farà sentire «nel mio regno, pienamente coinvolto nelle attività meccaniche, al punto che all'orario di chiusura dovevano afferrarmi per mandarmi via». Il piccolo laboratorio che ha nel frattempo creato in un'area della casa paterna, per la riparazione degli oggetti più disparati, costituisce per lui l'eccellente spunto per avviare, insieme all'amico Marino, una piccola ma ben attrezzata officina in cui i

and to breathe city air that was the source of myriad stimuli for one with a thirst for new experiences. He found a job in the regional capital with a firm specialising in the maintenance of the trucks used by the Italian army. He was to say that the experience made him feel that he was "in my kingdom, fully involved in the mechanical activities, to the point where at knocking off time they would have to pull me away and send me home". The small workshop that he had in the meantime set up in an area of his family home for the repair of the most diverse objects, was for him an excellent foundation for the launch, together with his friend Marino, a small but well-equipped garage

A fianco, cartolina da Renazzo degli anni Dieci del Novecento. A destra e in basso, copertina del programma ufficiale e percorso della 1000 Miglia 1948, edizione alla quale Ferruccio, con l'amico Gianluca Baglioni, partecipò al volante di una barchetta realizzata su meccanica Fiat 500 Topolino di 650 cm^3 e iscritta con il numero di gara 427. La corsa dell'auto finirà contro un marciapiede.

Right, a postcard from Renazzo from the 1910s. Far right and bottom, the cover from the original programme and the route of the 1948 Mille Miglia, the edition in which Ferruccio, with his friend Gianluca Baglioni, participated with an open two-seater based on Fiat 500 Topolino 650 cc mechanicals and entered with race number 427. Hitting a kerb put an end to their race.

MIGLIA
1000 MIGLIA
1000 MIGLIA
1000 MIGLIA
XV MILLE MIGLIA
1006

due rimettono in sesto auto danneggiate che si occuperanno di rivendere al termine dei lavori di ripristino. La Seconda guerra mondiale interrompe però l'operosità di Ferruccio che viene inviato sotto servizio militare nell'isola greca di Rodi e assegnato al reparto di manutenzione e riparazione dei veicoli. Il giovane emiliano ha una gran voglia di emergere, e tra i suoi ricordi annota di essere furtivamente penetrato di notte nell'autocentro per sottrarre tutti i manuali di istruzione degli autocarri Fiat 626 giunti il pomeriggio precedente, in modo da essere l'unico meccanico in reparto a conoscere il completo utilizzo dell'ancora poco nota alimentazione a gasolio. Non solo: avendo cura di non essere visto da nessuno, a volte manometteva appositamente un particolare del motore o dell'impianto elettrico in modo da mostrare poi di saper velocemente risolvere il guasto sotto gli occhi compiaciuti ed ammirati dei superiori. In breve tempo Ferruccio è nominato capo del reparto.

In Grecia, dopo aver dismesso la divisa, continua a

where they repaired damaged cars which they would then sell on once they had been refurbished.

The Second World War interrupted Ferruccio's hard work and he was enlisted and sent to the Greek island of Rhodes, where he was assigned to the vehicle repair and maintenance corps. The young Emilian had a great drive to succeed and among his memories was that of having broken into the vehicle depot at night to take all the instruction manuals for the Fiat 626 trucks that had arrived the previous afternoon; he thereby ensured that he would be the only mechanic in the department to know the ins and outs of what were then still unfamiliar diesel fuel systems. Moreover, having taken care not to be seen by anyone, he would on occasion sabotage an engine part or the electrical system so as to be able to show how quick he was at diagnosing and resolving problems, all under the pleased and admiring eyes of his superiors. It was not long before Ferruccio was promoted to head of the department.

Nella pagina a fianco, un'immagine delle verifiche e delle operazioni di punzonatura della XV 1000 Miglia (1948). Durante il viaggio di nozze, Ferruccio Lamborghini conclude a Napoli l'acquisto di ben mille motori Morris a 6 cilindri provenienti da mezzi militari dismessi. Li installerà sui trattori di sua produzione (dépliant a fianco). In alto, il modello L33, già dotato di attrezzatura da lavoro.

On the facing page, a view of the scrutineering and punching operations at the XV Mille Miglia in 1948. During his honeymoon, Ferruccio Lamborghini sealed a deal in Naples for the purchase of no less than 1,000 Morris six-cylinder engines from decommissioned military vehicles. He was to install them in his own tractors (brochure left). Top, the L33 model, already equipped with special tooling.

Trattore agricolo L33

MODELLO 1951

Pagina a fianco, pubblicità del trattore L33 nell'edizione 1951, ultimo anno di commercializzazione. In alto, il Carioca, primo trattore prodotto dalla Lamborghini, ritratto presso il Museo Ferruccio Lamborghini di Funo di Argelato.

Facing page, advertising for the 1951 edition of the L33 tractor, the last year of its production. Top, the Carioca, the first tractor produced by Lamborghini, portrayed in the Ferruccio Lamborghini Museum at Funo di Argelato.

coltivare la passione per le motociclette e apre una piccola officina. Tornerà in Italia nel 1946 insieme a Clelia Monti, conosciuta proprio nell'isola egea. Si sposeranno lo stesso anno a Ferrara ma nel 1947 Clelia morirà per complicazioni conseguenti al parto del figlio Tonino.

L'Emilia del Dopoguerra è votata alla nascente industrializzazione di aree sottratte all'agricoltura. Ferruccio inaugura un esercizio di riparazioni nel dismesso zuccherificio di Cento, ma in poco tempo la struttura si rivela insufficiente a sostenere la mole di lavoro e tutto verrà trasferito in un locale più ampio.

Il processo di modernizzazione coinvolge anche le campagne con l'avvento del trattore, una macchina utilissima i cui elevati costi ne confinano però la diffusione solamente ai proprietari terrieri più ricchi e importanti. Ai piccoli contadini rimane la fatica delle braccia o – nel migliore dei casi – dell'aratro trainato dai bovini. Eppure questa gente, messa insieme,

Once he had finally shed his uniform, he continued to cultivate his passion for motorcycles in Greece, opening a small workshop. He returned to Italy in 1946, together with Clelia Monti, whom he had met on the Aegean island. They were to marry that year in Ferrara, but in 1947 Clelia died from complications following the birth of their son Tonino.

Post-war Emilia was focused on the nascent industrialization of former agricultural areas. Ferruccio opened a repair business in the old sugar factory in Cento, but the building soon proved to be inadequate with respect to the amount of work coming in and the firm moved to larger premises.

The modernization process also affected the countryside with the introduction of tractors, incredibly useful vehicles but restricted by their costs to the richest and largest landowners. Smallholders were still obliged to rely on manual labour or, at best, a plough pulled by oxen. Nonetheless, this category repre-

rappresenta una moltitudine di lavoratori della terra. Nel corso della sua esperienza militare Ferruccio ha avuto modo di acquisire una profonda conoscenza anche nel campo dei trattori e adesso intuisce che il momento è ideale per la costruzione di un trattore economico, di facile accesso e gestione per i coltivatori minori. Si unisce a tre soci, ciascuno dei quali mette una quota di 500.000 lire; Ferruccio riceverà la somma in prestito dal padre, il quale non esiterà a concedergliela a patto che gli venga restituita entro i successivi sei mesi. Tuttavia – si racconta – al momento della consegna dei soldi, Antonio Lamborghini prenderà in mano un rametto e, davanti al figlio, traccerà per terra una croce a simboleggiare che verosimilmente non rivedrà più il suo denaro. L'uomo riavrà i soldi prima della scadenza pattuita.

Nel processo legato alla costruzione di un trattore alla portata dei piccoli agricoltori, Ferruccio ha al suo fianco Annita Borgatti, giovane insegnante con cui nasce

sented a multitude of a workers on the land. Over the years Ferruccio had gained in-depth knowledge in the field of tractors and recognised that this was the ideal moment for the manufacture of an affordable tractor, easily accessible and economical to run for small-scale farmers. He joined forces with three partners, each of whom put up 500,000 Lire; Ferruccio received the sum as a loan from his father on the understanding that it would be repaid within six months. However, as the story goes, when it came to handing over the money, Antonio Lamborghini took a stick and, in front of his son, traced a cross on the ground, symbolising the fact that he did not expect to see his money again. Instead he was to be repaid in full and ahead of schedule.

In the process associated with the construction of an affordable tractor, Ferruccio was flanked by Annita Borgatti, a young teacher with whom he was soon to embark on a love affair. He acquired decommis-

A sinistra, immagine commerciale del trattore 4C; la lettera C identificava la produzione cingolata. Per la denominazione dei modelli non si sceglievano solo sigle tecniche, come testimoniato dalle due brochure pubblicitarie della pagina successiva.

Left, a promotional photo of the 4C tractor; the letter C identified the tracked models. It was not always the case that codes alone were chosen as model names, as seen in the two promotional brochures on the following page.

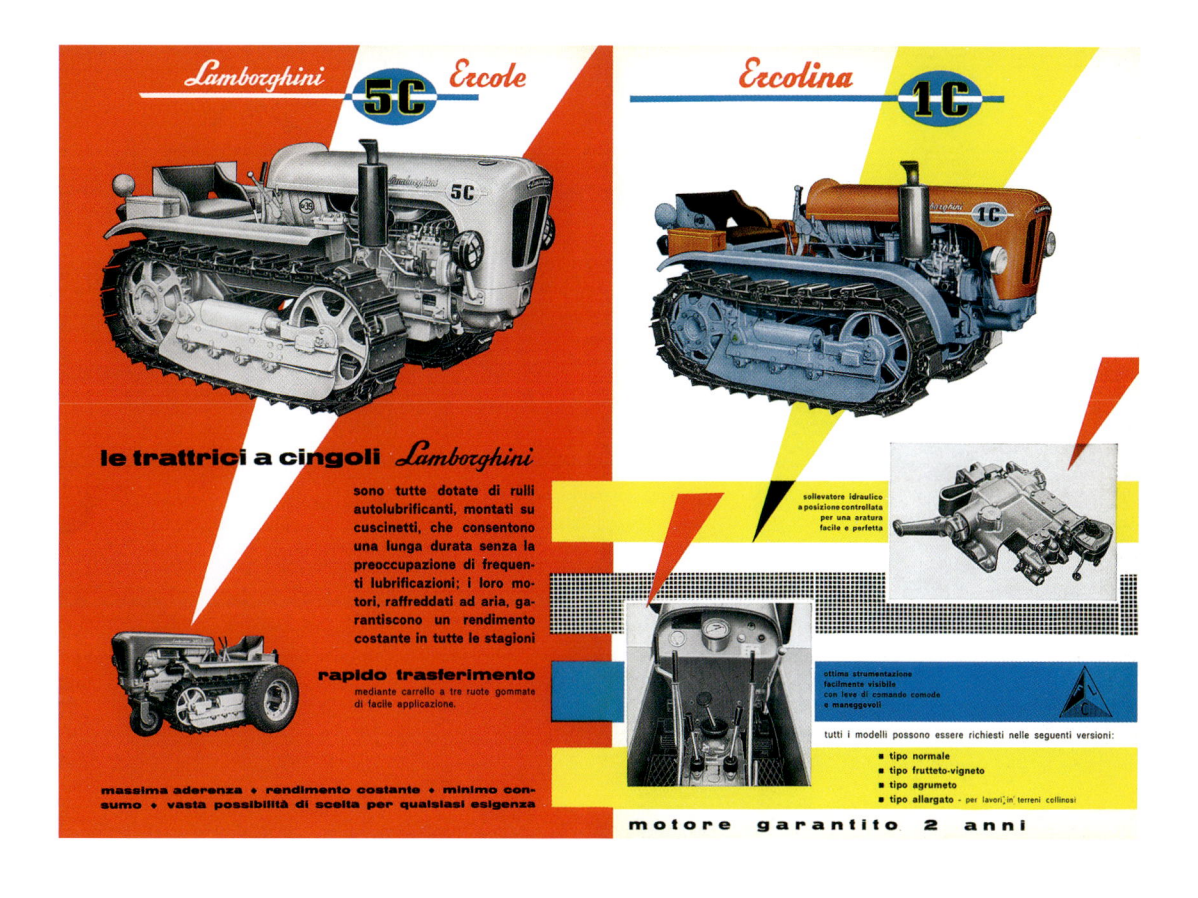

presto una storia d'amore. Ferruccio acquisisce materiale bellico dismesso e lo utilizza come base per la costruzione del nuovo trattore alimentato a petrolio, carburante dal costo largamente inferiore alla benzina. Nasce così il Carioca, che Lamborghini mostrerà nel febbraio 1948 sulla piazza principale di Cento in concomitanza con la festa patronale di San Biagio. Si totalizzeranno ben undici ordini da parte di coltivatori, duramente piegati dal conflitto e adesso in cerca di uno strumento per tornare efficacemente a guadagnare dalla terra. Si pone presto l'esigenza di ampliare l'officina, ma è a questo punto che i soci – poco convinti dello sviluppo dell'impresa – si ritirano dall'iniziativa. Ferruccio va avanti da solo e in due anni la produzione passa da uno a cinque trattori alla settimana con trenta operai che lavorano all'interno dell'azienda. Nel 1951 i trattori Lamborghini vengono costruiti in uno stabilimento industriale a Cento. Le inaugurazioni per gli ampliamenti del complesso si succederanno numerose e nel 1960 sarà inoltre fondata la Lamborghini Bruciatori e Condizionatori.

sioned war materials and used them as the basis for the construction of the new diesel-powered tractor, this fuel being significantly cheaper than petrol. The project led to the birth of the Carioca, which Lamborghini was to exhibit in February 1948 on the main square in Cento, on the occasion of the festivities for the Patron Saint Biagio. No less than 11 orders were taken from farmers who had been hard hit by the war and were now looking for a means of working the land efficiently and profitably. The nascent firm soon needed to expand its workshops, but it was at this point that the partners – yet to be convinced about the development of the company – decided to call it a day. Ferruccio continued on his own and within two years production passed from one to five tractors a week, with 30 employees working for the company. In 1951, Lamborghini tractors were being built in an industrial premises at Cento. The plant continued to expand over the years and in 1960 Lamborghini Bruciatori e Condizionatori was also founded.

AUTOMOBILI FERRUCCIO LAMBORGHINI

È un giorno del 1962 quando i vertici dirigenziali delle divisioni Trattori e Bruciatori vengono convocati in riunione. Ferruccio comunica la decisione di cimentarsi nella costruzione di automobili ad alte prestazioni, destinate ad un pubblico di facoltosi appassionati. I presenti sono notevolmente stupiti, non individuano le ragioni di un progetto così impegnativo e dai risultati incerti, tanto più che nella stessa Emilia-Romagna brillano già di fulgida luce propria i nomi di Ferrari e Maserati, la cui notorietà è peraltro estesa in tutto il mondo. Ma Lamborghini spiega – in un'atmosfera di generale perplessità – che i costosi esborsi pubblicitari a sostegno dei trattori potrebbero essere convogliati nello sviluppo di vetture particolari ed esclusive che, oltre a generare i guadagni derivanti dalle vendite, costituirebbero un organo promozionale per tutti i rami del marchio.

One day in 1962, the managers of the Tractors and Furnaces divisions were called together for a meeting. Ferruccio announced that he had decided to venture into the construction of high performance cars destined for a clientele of wealthy enthusiasts. Those present were literally stunned, they failed to see the reasoning behind project that was so demanding and offered so few guarantees, especially in Emilia-Romagna which already boasted such luminous names as Ferrari and Maserati, marques famous throughout the world. However, as Lamborghini explained, in an atmosphere of general perplexity, that the significant advertising expenses supporting the tractor business could be redirected into the development of special, exclusive cars that, as well as generating income from

Al Salone dell'Automobile di Torino del 1970, Ferruccio Lamborghini mostra orgoglioso al presidente della Fiat Gianni Agnelli il motore V8 della Urraco P250. Poco dietro ad Agnelli, in secondo piano, in parte estromesso dalla foto, un giovane Paolo Stanzani.

At the Turin Motor Show of 1970, Ferruccio Lamborghini proudly shows the V8 engine from the Urraco P250 to the Fiat chairman, Gianni Agnelli. Just behind Agnelli, partly cut out of the photo can be seen a young Paolo Stanzani.

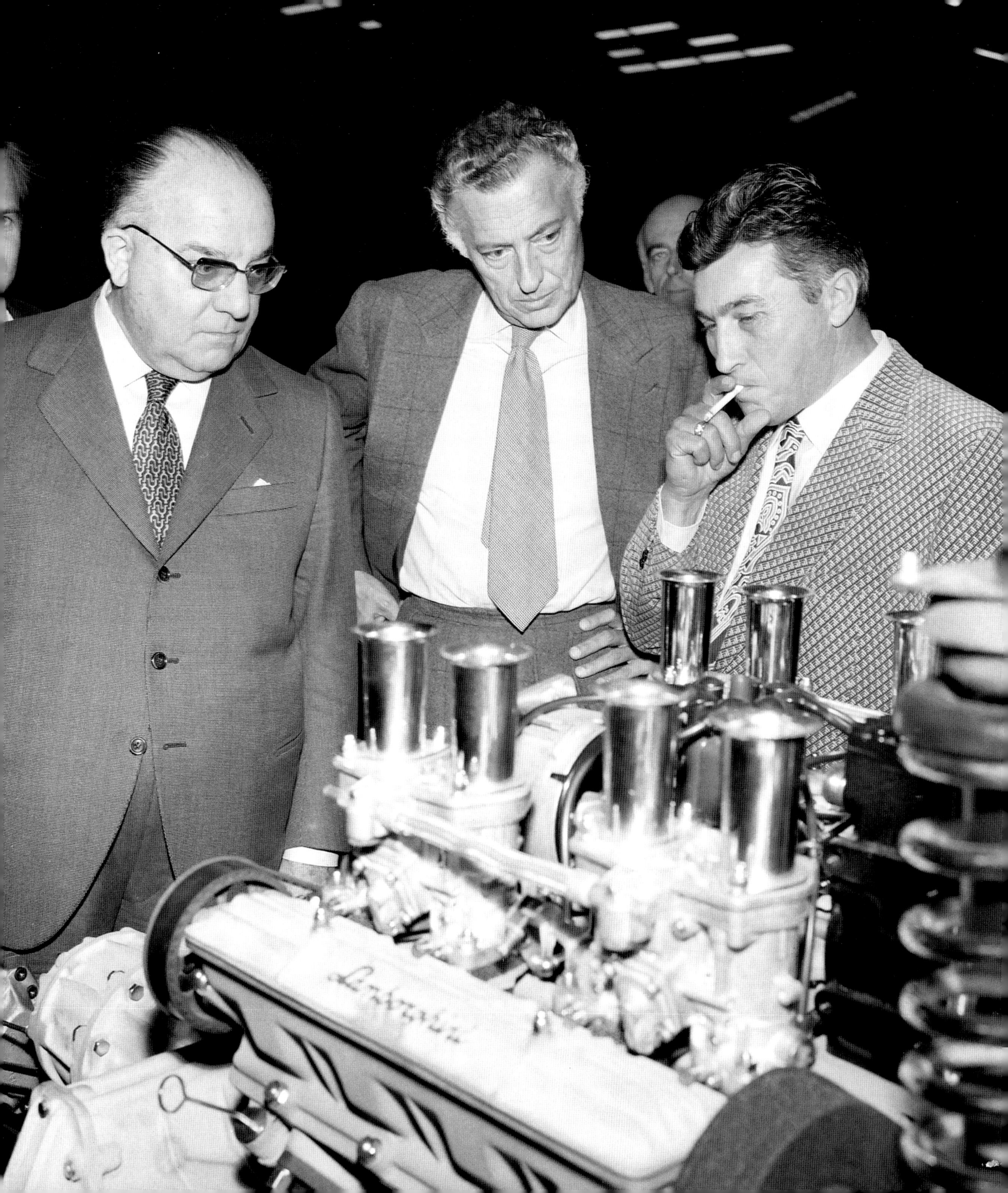

AUTOMOBILI FERRUCCIO LAMBORGHINI

Il 7 maggio 1963 la Automobili Ferruccio Lamborghini SpA viene iscritta nel Registro delle Imprese della Camera di Commercio di Bologna. Ferruccio ha fretta di presentare la prima macchina con il suo nome, la vuole in tempo per il Salone di Torino dello stesso anno, un compito arditissimo. In un terreno avuto in affitto al numero civico 12 di via Modena a Sant'Agata Bolognese, si gettano le fondamenta della nuova realtà produttiva.
Parallelamente c'è da creare un marchio aziendale forte e ben riconoscibile. Ferruccio incarica il tipografo Paolo Rambaldi di tradurre in emblema l'orgoglio personale di appartenere al segno zodiacale del toro insieme all'immagine tarchiata dello stesso Lamborghini che egli definisce *tamugna*.

sales would represent great promotional value for the various branches of the business.
Automobili Ferruccio Lamborghini SpA was inscribed in the Register of Businesses of the Bologna Chamber of Commerce on the 7th of May 1963. Ferruccio was in a hurry to present the first car to bear his name; he wanted it ready in time for that year's Turin Motor Show, an incredibly tight schedule. Land was rented at number 12 Via Modena in Sant'Agata Bolognese and the foundations were laid for the new factory building.
In parallel, a strong and easily recognisable company logo was required. Ferruccio entrusted the typographer Paolo Rambaldi with translating into an emblem his personal pride at belonging to the

I lavori per la realizzazione dello stabilimento Lamborghini Automobili alla periferia di Sant'Agata Bolognese, sulla via verso Modena, iniziano nel maggio 1963 e si protraggono sino all'autunno.
Nella pagina a fianco, in basso, il telaio – completo di ruote e sospensioni – della 350 GTV, prima creazione automobilistica del marchio Lamborghini.

Work on the construction of the Lamborghini Automobili factory on the outskirts of Sant'Agata Bolognese, on the road heading towards Modena, began in May 1963 and continued through to the autumn.
Right, the chassis, complete with wheels and suspension, from the 350 GTV, the first car carrying the Lamborghini badge.

AUTOMOBILI FERRUCCIO LAMBORGHINI

È questo un antico termine del dialetto bolognese che indica la fastidiosa pesantezza di un cibo ostico da digerire ma - equiparata ad una persona - ne ravvisa doti di robustezza, caparbietà, possanza, tipiche di un animale da combattimento. Franco Sforza, giovane grafico da poco al lavoro nella bottega di Rambaldi, disegna un toro in posizione di veronica, una figura della corrida in cui - a seguito dello spostamento laterale del torero - l'animale abbassa la testa per investire la cappa con il muso. Il logo è completato inscrivendo il toro in uno scudetto rosso bordato di nero.

Per intraprendere l'attività automobilistica occorre reperire tecnici validi e competenti. Corrado Carpeggiani, storico amico e collaboratore di

sign of the zodiac Taurus, together with the stocky image of Lamborghini himself which he defined as tamugna. This was an ancient term in the dialect of Bologna which describes the uncomfortable weight of food difficult to digest - as applied to a person - and implies qualities of robustness, stubbornness and potency typical of a fighting animal. Franco Sforza, a young graphic designer who had recently joined Rambaldi's workshop, drew a bull in a veronica position in which after the bullfighter has shifted to the side the animal lowers its head to strike at the cape. The logo was completed by inscribing the bull within a red shield edged in black.

Skilled, competent engineers were required in

A sinistra, Ferruccio Lamborghini ascolta le spiegazioni di un operaio specializzato durante la lavorazione di un albero motore. Nella pagina a fianco, in alto, l'affusolata coda della 350 GTV e, in basso, un dettaglio dei fari a scomparsa in posizione di riposo e cofano aperto.

Left, Ferruccio Lamborghini listens to the explanation of a specialist worker during the machining of a crankshaft. On the facing page, top, the sleek tail of the 350 GTV and, bottom, a close-up of the retractable headlight in the resting position with the bonnet open.

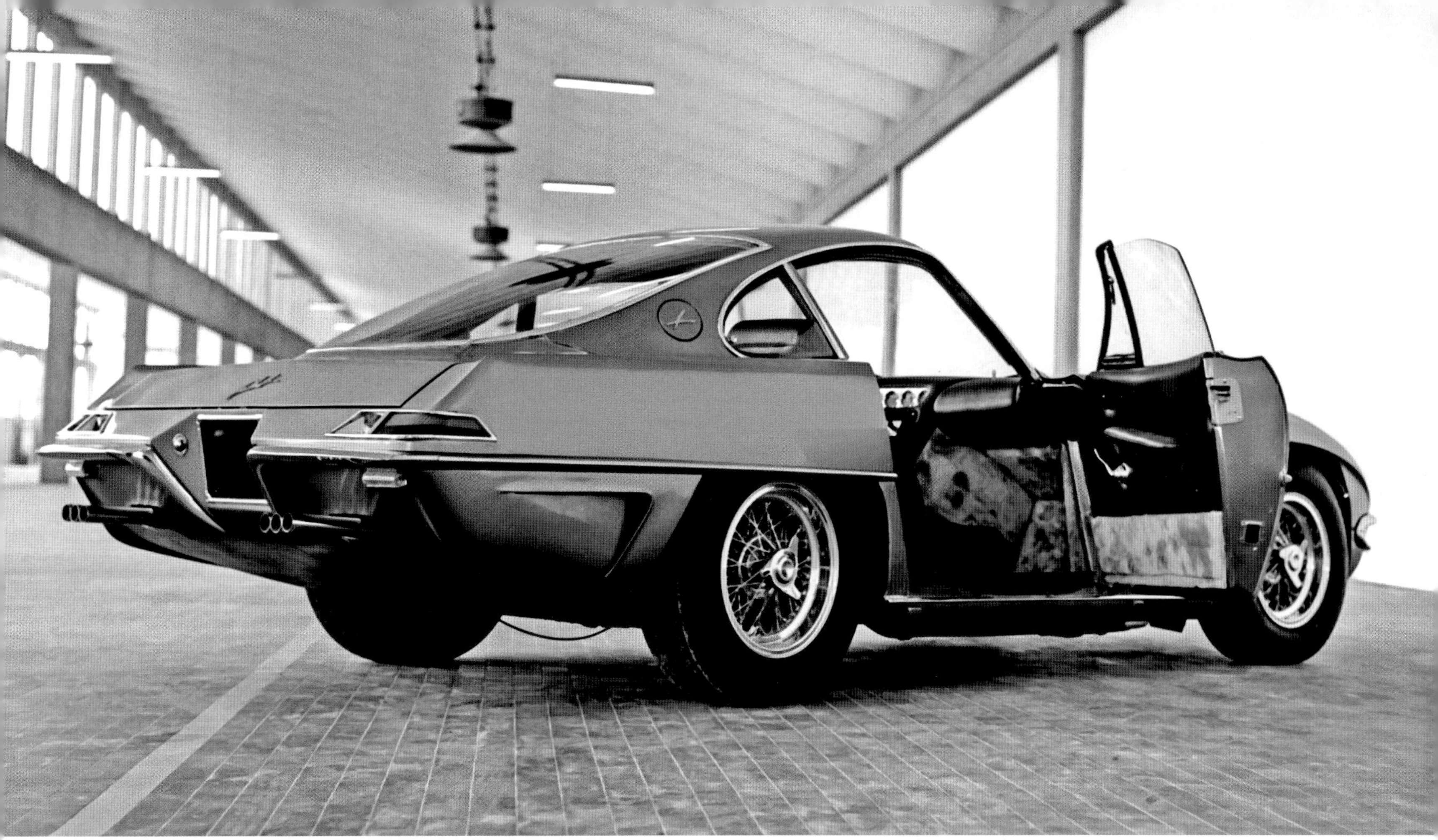

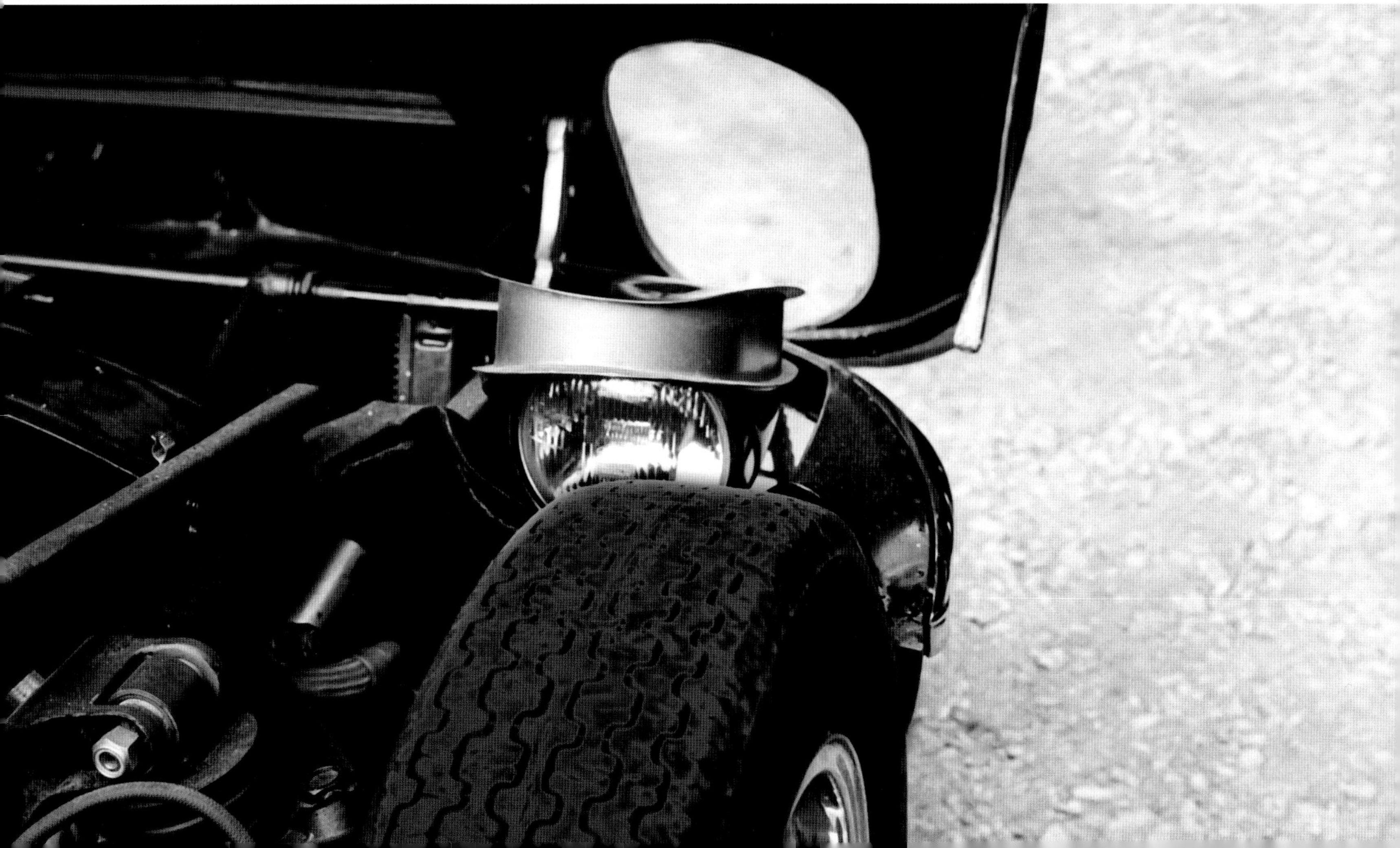

A fianco, la linea della 350 GTV in un disegno originale di Franco Scaglione; in basso, il frontale aerodinamicamente molto avanzato della 350 GTV in una foto scattata durante la prima presentazione, il 26 ottobre 1963, nel piazzale dello stabilimento Trattori Lamborghini di Cento.
Nella pagina a fianco, la linea anticonvenzionale della prima automobile Lamborghini – fotografata in un'area ancora in allestimento dello stabilimento di Sant'Agata – non garantirà seguito commerciale alla vettura.

Left, the lines of the 350 GTV in an original sketch by Franco Scaglione; bottom, the advanced aerodynamics of the front end of the 350 GTV in a photo taken during the first presentation on the 26th of October 1963, on the forecourt of the Trattori Lamborghini factory at Cento. On the facing page, the unconventional styling of the first Lamborghini car – photographed in an area of the Sant'Agata factory that was still being finished – gave no guarantees as to the car's commercial success.

Ferruccio, si reca in avanscoperta presso l'officina di Giorgio Neri e Luciano Bonacini di Modena dove si realizzano stupendi telai e carrozzerie per vetture da corsa e da strada, un laboratorio frequentato dagli amanti locali della velocità. Qui Carpeggiani incontra Giotto Bizzarrini, valente ingegnere da poco uscito dalla Ferrari e nel frattempo divenuto noto per le magnifiche elaborazioni sui motori di Maranello. Lamborghini comunicherà a Bizzarrini pochi ma inviolabili requisiti per il motore destinato a equipaggiare la prima vettura con il suo nome: architettura a 12 cilindri a V, cilindrata di 3500 cm^3, potenza specifica di circa 100 CV/litro, distribuzione a 24 valvole con due assi a camme in

order to undertake this automotive adventure. Corrado Carpeggiani, a long-time friend and assistant to Ferruccio, scouted the workshop of Giorgio Neri and Luciano Bonacini at Modena where excellent chassis and bodies were constructed for race and road cars, a workshop frequented by the local lovers of speed. Here Carpeggiani met Giotto Bizzarrini, a talented engineer who had recently left Ferrari and had in the meantime gained a reputation for his magnificent tuning work on the engines from Maranello. Lamborghini presented Bizzarrini with a few essential requisites for the engine destined to equip the first car bearing his name: a V12 architecture, a displacement of 3500

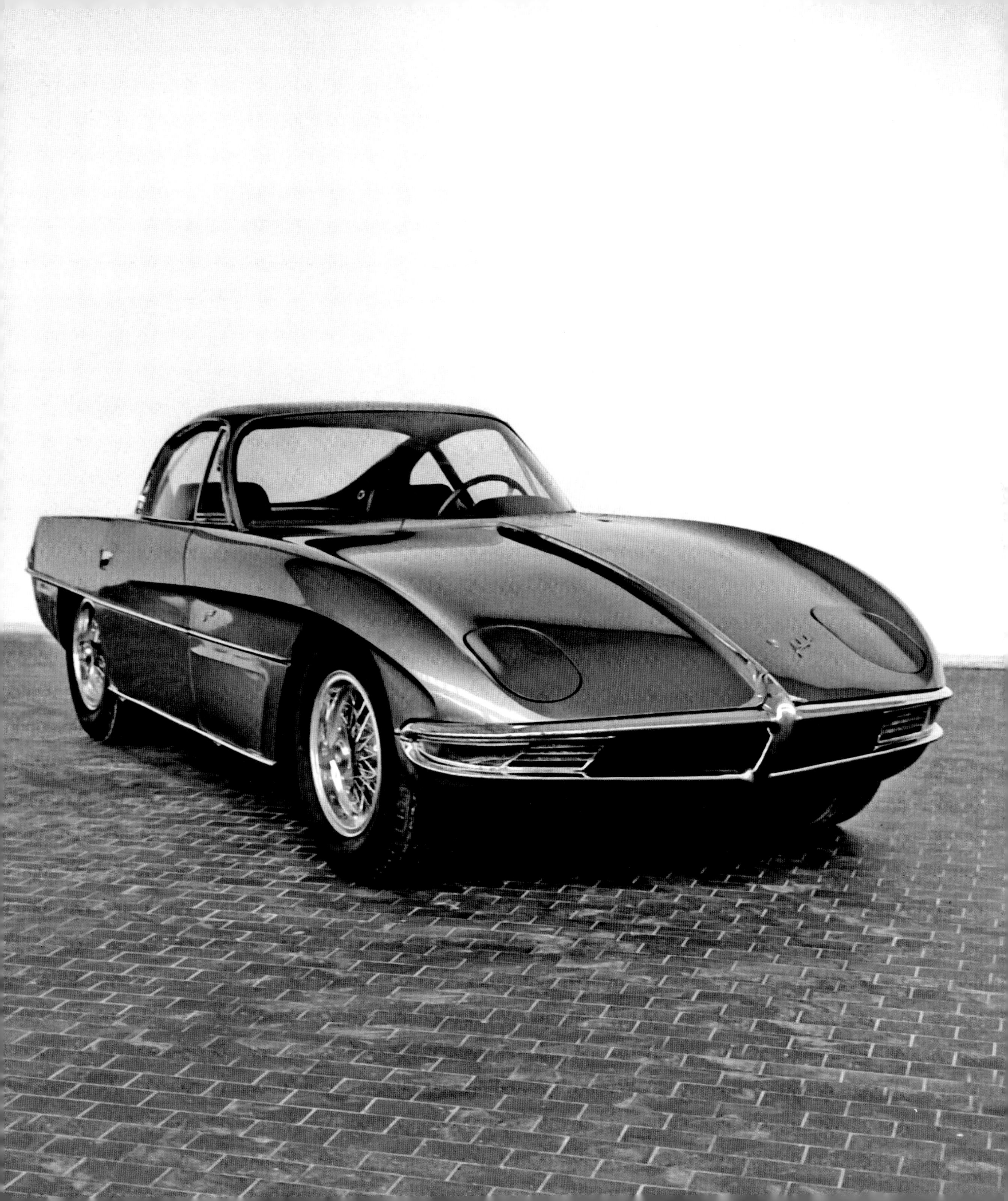

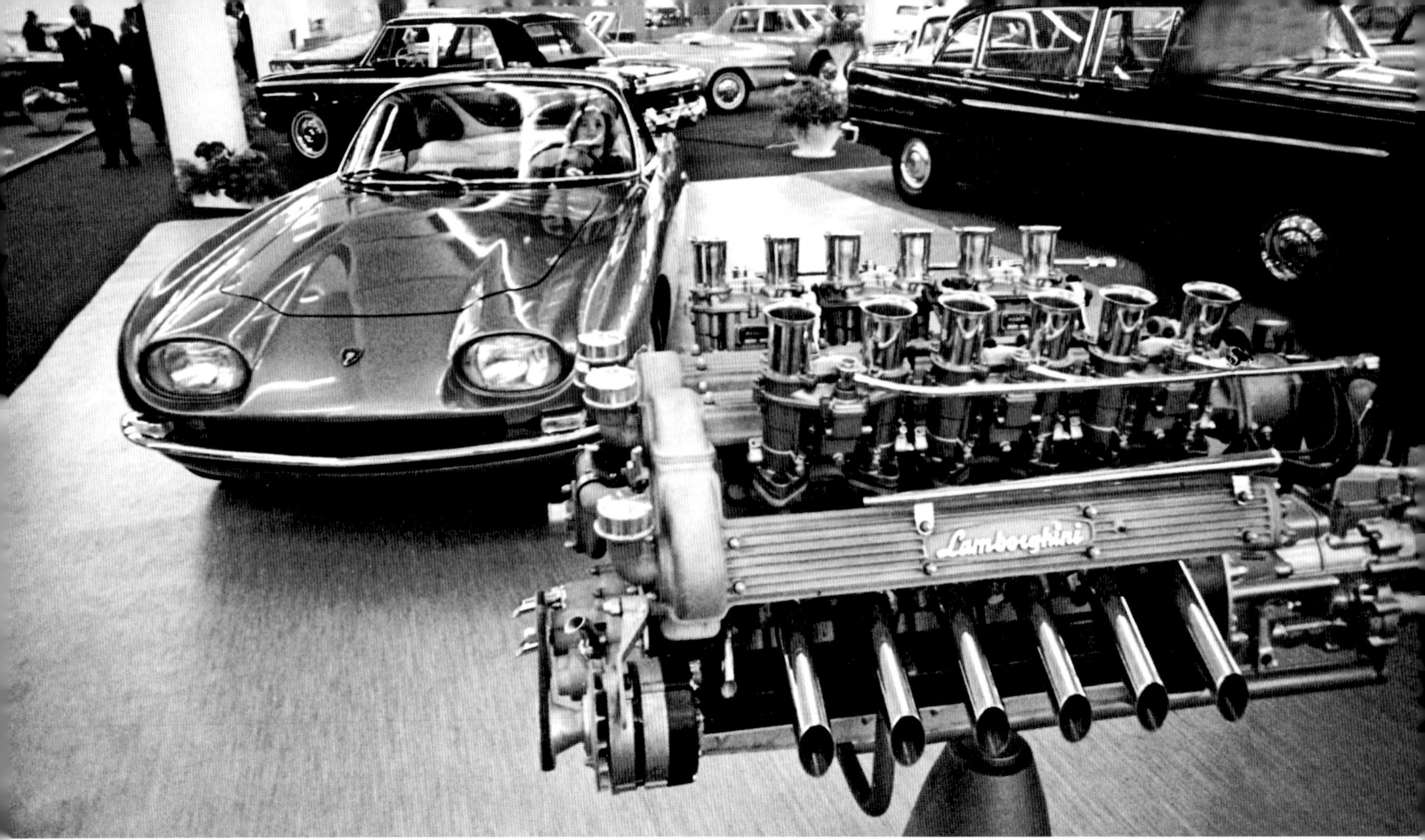
Lamborghini

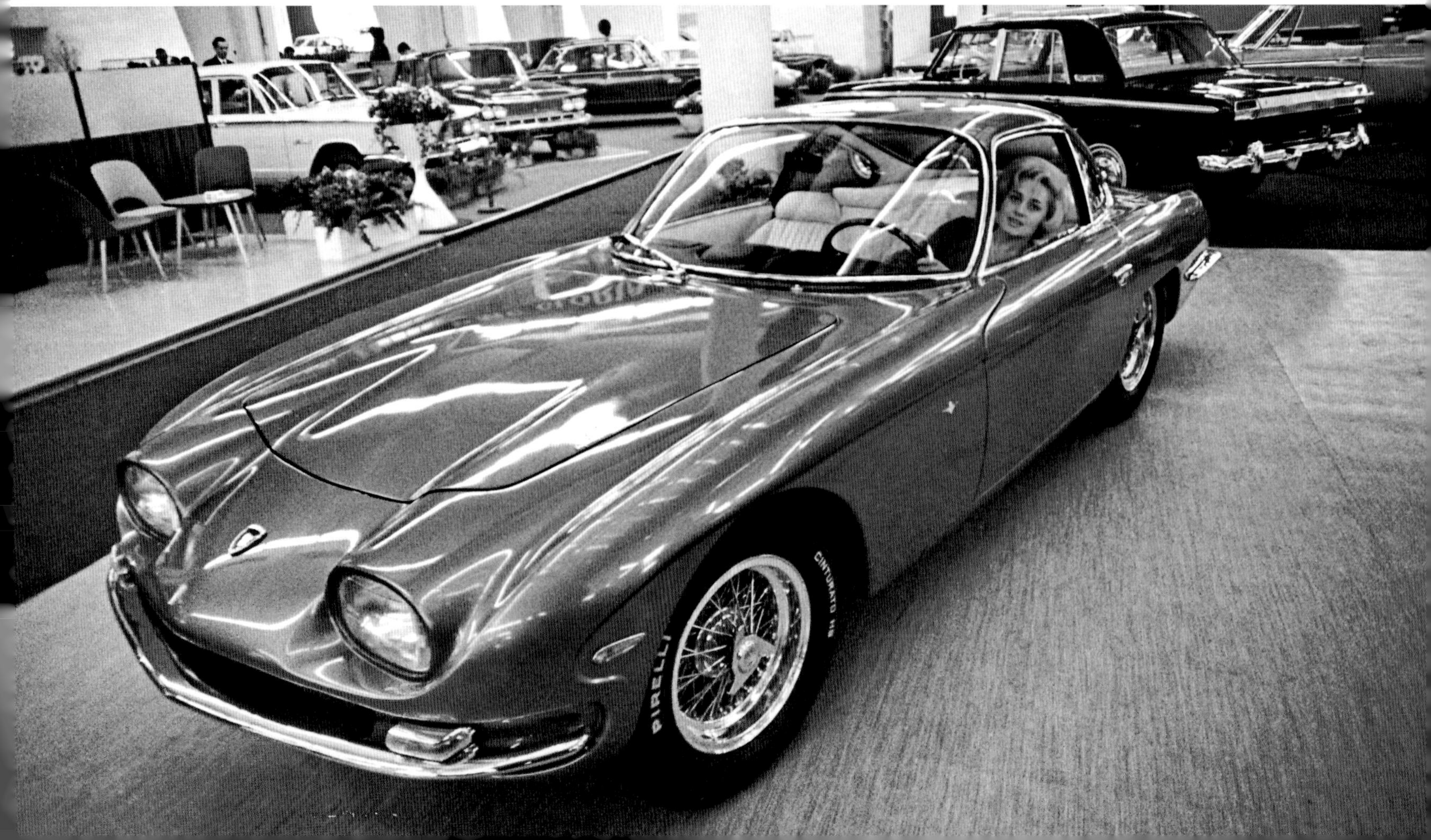
PIRELLI
CINTURATO

testa per ciascuna bancata, alimentazione singola, lubrificazione a carter secco. Bizzarrini accetta, e con la collaborazione dei giovani Achille Bevini e Oliviero Pedrazzi, conclude il disegno del propulsore in appena sei mesi. La nuova unità motrice ha un angolo di 60 gradi fra le bancate, basamento in alluminio, canne dei cilindri in ghisa e misure di alesaggio e corsa rispettivamente di 77 e 62 millimetri per un volume di 3464 cm^3. Subito dopo si passa all'esecuzione materiale presso una fonderia artigiana situata alla Certosa di Bologna. Pare che Ferruccio avesse proposto a Bizzarrini una sorta di "contratto a cavallo vapore", ovvero un compenso tanto più elevato quanto più alta sarebbe stata la potenza ricavata dal motore, un accordo che spinge il tecnico toscano ad impiegare configurazioni in grado di raggiungere la ragguardevole quota di 360 CV, ottenuti però a discapito della trattabilità ai regimi intermedi. Il carattere del V12 valorizzava quindi l'erogazione agli alti numeri di giri

cc, a specific power output of around 100 hp/litre, 24 valves and twin overhead camshafts per bank, a single fuel system and dry sump lubrication. Bizzarrini accepted and with the assistance of the young Achille Bevini and Oliviero Pedrazzi, he completed the engine design in just six months. The new power unit had a 60° V between the banks, an aluminium block, cast iron cylinder liners and bore and stroke dimensions of 77 x 62 mm, giving an overall displacement of 3464 mm. With the drawings complete, work began on the construction of the first example at a small foundry situated near the Certosa in Bologna. Ferruccio apparently offered Bizzarrini a kind of "horsepower contract", with more money being paid the higher the engine's power output. This agreement led to the Tuscan engineer employing configurations that would permit 360 hp to be produced at the top end, albeit at the expense of the unit's flexibility at intermediate engine speeds. The new V12

Nella pagina a fronte, la 350 GT, prima Lamborghini a raggiungere il listino aziendale, fotografata alla sua presentazione al Salone di Ginevra del 1964. In alto, Ferruccio posa sorridente accanto alla sua creatura d'esordio.

On the facing page, the 350 GT, the first Lamborghini car to go on sale, photographed on its presentation at the Geneva Motor Show in 1964. Top, Ferruccio smiling as he poses alongside his creation on its debut.

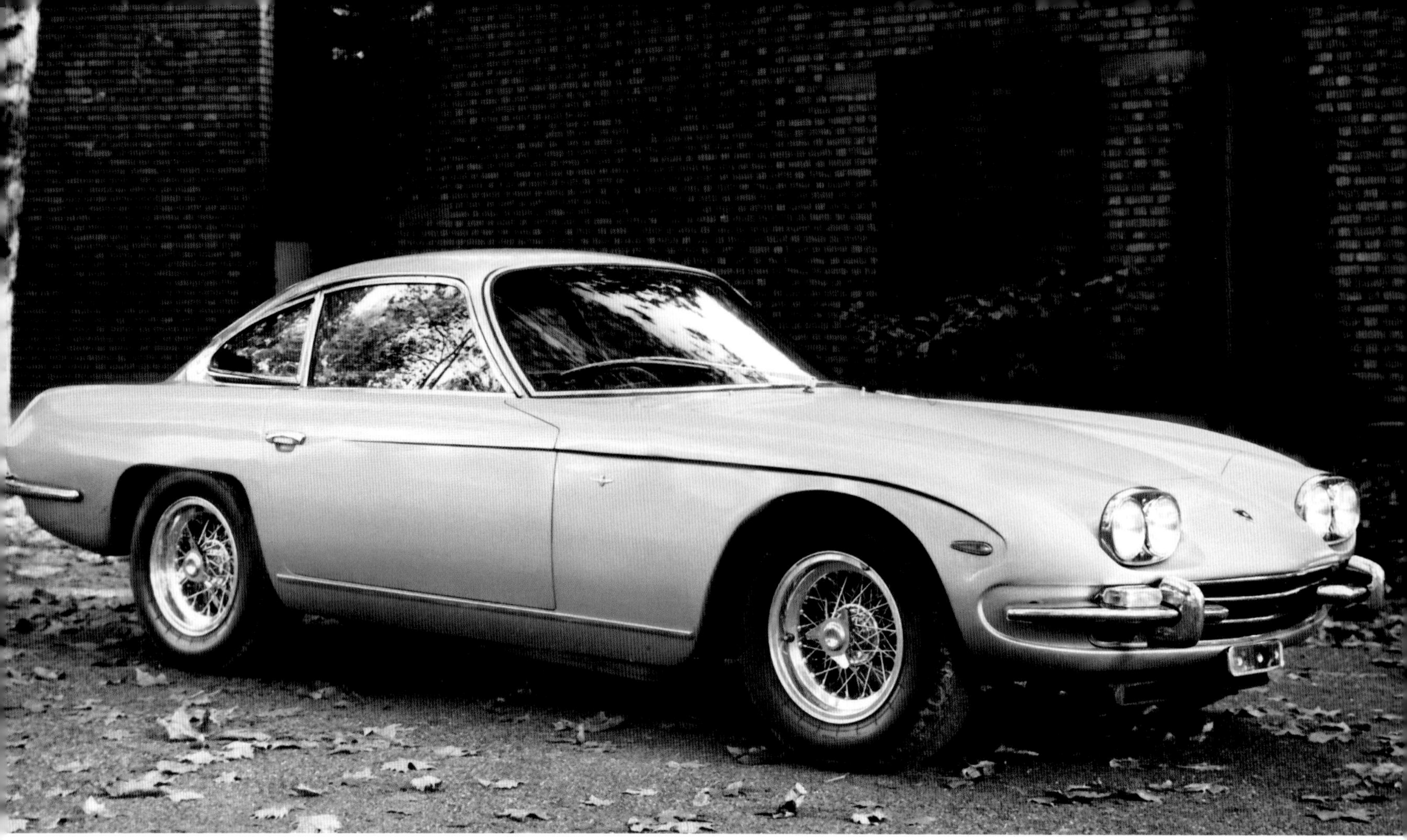

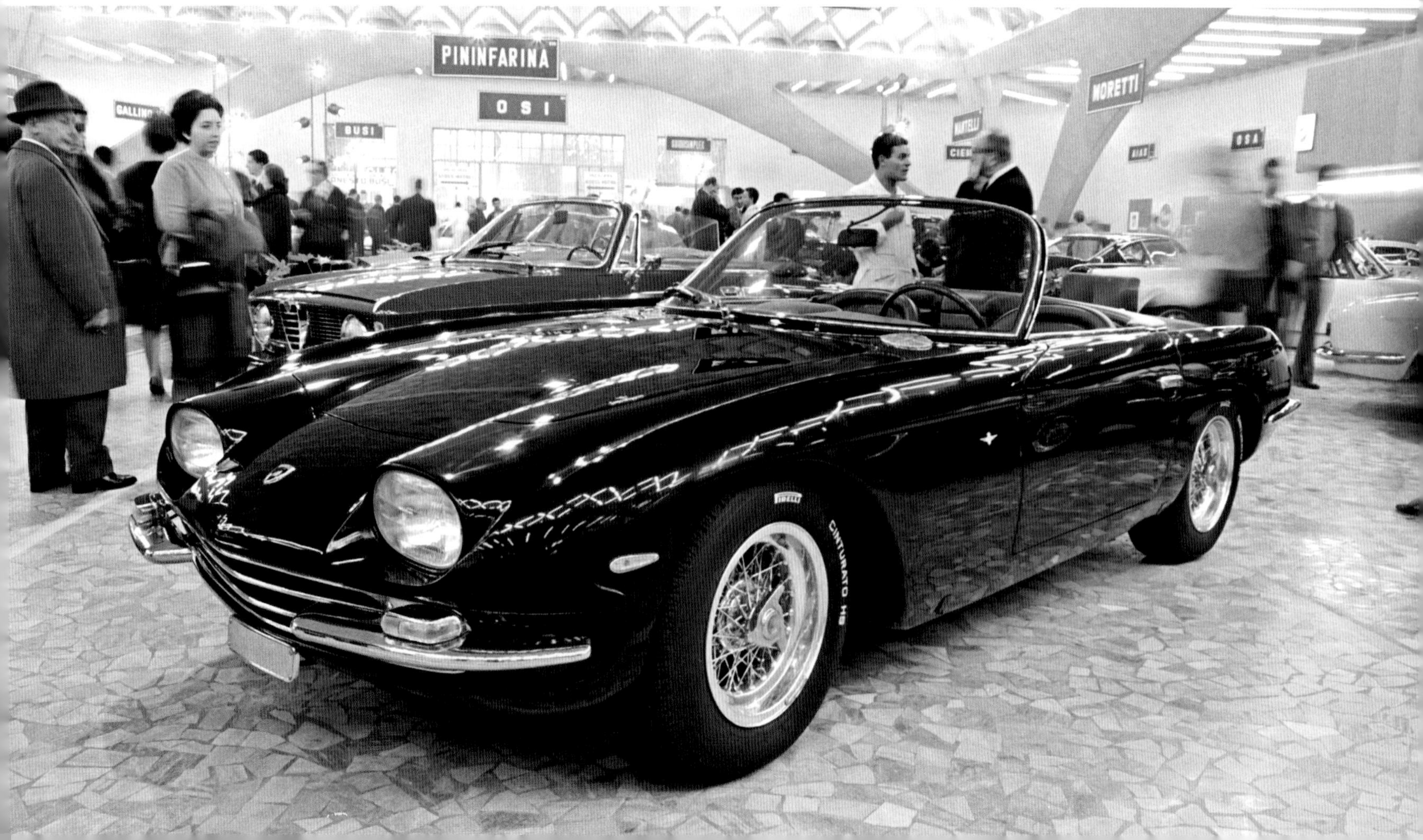
PININFARINA
OSI
MORETTI
BUSI

Nella pagina a fianco, in alto, il frontale a fari sdoppiati segna il passaggio alla 400 GT, evoluzione della 350 GT; in basso, la 350 GTS del 1965, declinazione spider della 350 GT; rimarrà esemplare unico.
Sotto, Ferruccio Lamborghini e Nuccio Bertone: i due instaureranno un'intesa perfetta e grande collaborazione che si tradurrà in splendide creazioni.

On the facing page, top, the front end with twin headlights marked the passage to the 400 GT, an evolution of the 350 GT; bottom, the 350 GTS, an open-top spider version of the 350 GT.
Below, Ferruccio Lamborghini and Nuccio Bertone: the two established a perfect understanding and collaboration that translated into magnificent creations.

risultando tuttavia molto problematico abbinarlo per questo ad un impiego stradale. Il rapporto tra Bizzarrini e Lamborghini si conclude senza tanti convenevoli.
Il passaggio alla successiva fase di progettazione rende necessario acquisire ulteriori figure da integrare in azienda. A distanza di pochi mesi l'uno dall'altro vengono assunti due giovani promettenti. Il primo è Giampaolo Dallara, classe 1936, nativo di Varano de' Melegari, ingegnere aeronautico con un passato in Ferrari e Maserati. Poi, nell'autunno del 1963, arriva Paolo Stanzani, bolognese, laureato l'anno prima in ingegneria meccanica, anch'egli classe 1936. Il resto dello staff è composto da una decina di persone giunte dalla divisione

therefore privileged power delivery at high revs which made it tricky to use on the road in normal traffic conditions. The relationship between Bizzarrini and Lamborghini concluded fairly abruptly. The passage to the next phase of the design process required further essential staff members to be recruited. Within a few months of each other, two promising young men were found. The first was Giampaolo Dallara, class of 1936, born in Varano de' Melegari, an aeronautical engineer with experience at Ferrari and Maserati. Then, in the autumn of 1963, he was joined by Paolo Stanzani of Bologna, also born in 1936, who had graduated a year before in mechanical engineering. The rest of the staff was composed of 10 or so people

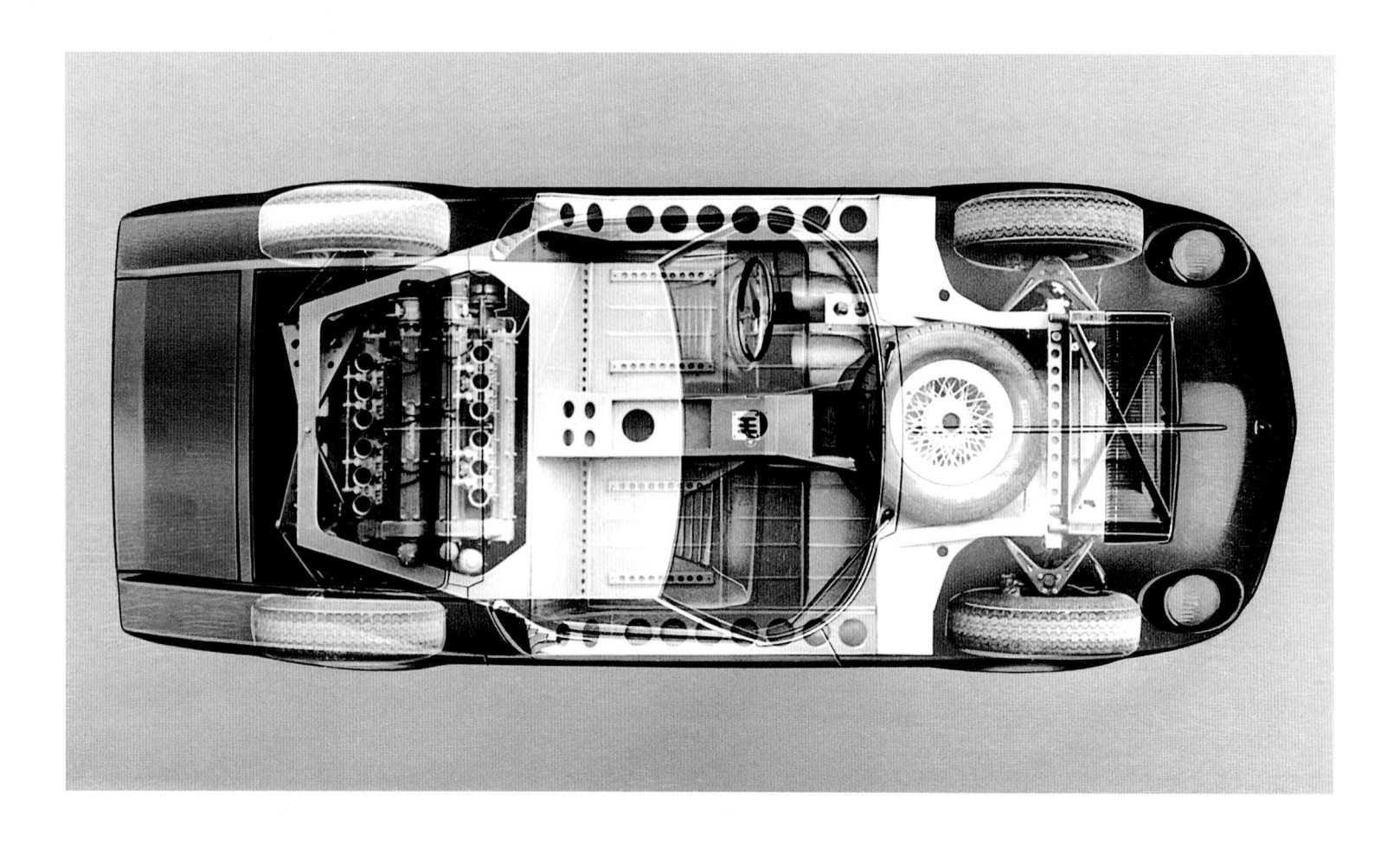

Trattori e da qualche tecnico di provenienza Ferrari. Dallara disegnerà il telaio della futura auto, della cui realizzazione effettiva si occuperanno Neri e Bonacini. Le linee estetiche saranno invece affidate a Franco Scaglione che commissiona il corpo vettura in alluminio alla Carrozzeria Sargiotto di Torino. Nasce la 350 GTV, prima creazione automobilistica del marchio Lamborghini, che però non avrà seguito produttivo.

Dallara e Stanzani si prenderanno insieme cura del 12 cilindri progettato da Bizzarrini per addolcirne l'indole ridisegnando i profili degli alberi di distribuzione, adottando differenti carburatori, sostituendo il carter secco con un tradizionale impianto di lubrificazione e accantonando per motivi di costo le precedenti bielle ricavate dal pieno. La potenza scenderà a 260 CV ma il carattere sarà

drawn from the tractor division and a few technicians from Ferrari.
Dallara designed the chassis of the new car, while Neri and Bonacini dealt with its production. The styling was instead entrusted to Franco Scaglione who commissioned the aluminium bodywork from Carrozzeria Sargiotto of Turin. The resulting 350 GTV was the first car to carry the Lamborghini badge, but was never put into production.
Dallara and Stanziani worked together in an attempt to tame the character of the Bizzarrini-designed V12, revising the camshaft profiles, adopting different carburettors and replacing the dry sump with a traditional lubrication system, as well as shelving the billet-turned con-rods for cost reasons. The power output dropped to 260 hp, but the unit's character was to be better suited to everyday

In alto, lo schema tecnico della Miura evidenzia la disposizione centrale-trasversale del motore. A fianco, un modello in legno della carrozzeria della vettura.

Top, the technical layout of the Miura highlighting the central-transverse location of the engine.
Right, a wooden model of the car's bodywork.

AUTOMOBILI FERRUCCIO LAMBORGHINI

SUPERCARS LAMBORGHINI **COUNTACH**

Lo spettacolare effetto scenografico offerto dall'immagine della Miura a cofani aperti, entrambi integrati con i parafanghi.

The spectacular theatricality of the Miura with its bonnet and engin cover open, both integral with the wings.

AUTOMOBILI FERRUCCIO LAMBORGHINI

SUPERCARS

LAMBORGHINI **COUNTACH** | **33**

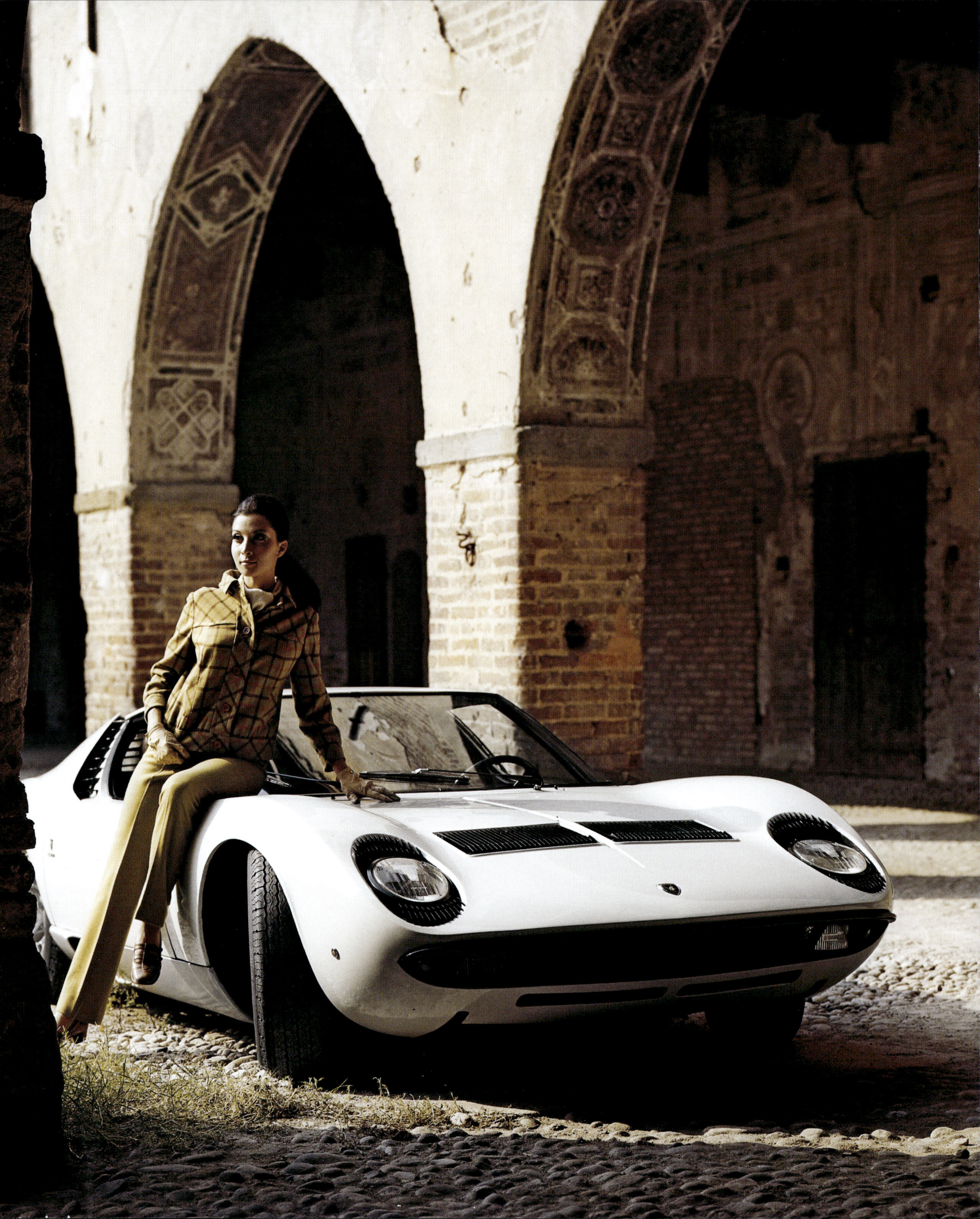

adeguato alle comuni esigenze stradali. Nel 1964 questo motore equipaggerà la 350 GT, prima Lamborghini posta in vendita al pubblico. Due anni più tardi essa sarà evoluta nella 400 GT, con cubatura elevata a 3929 cm³.

Il medesimo propulsore sarà collocato su un autotelaio completo di ruote e sospensioni e mostrato nello spazio espositivo Lamborghini al Salone di Torino 1965 con il nome di TP 400, ad indicarne la collocazione trasversale posteriore e la cilindrata prossima ai quattromila centimetri cubi. Sarà Nuccio Bertone, per mano del giovane designer Marcello Gandini, a realizzare la carrozzeria da applicare al telaio e creare così la leggendaria Miura, il modello che darà grandissima notorietà alla Lamborghini e che fisserà nuovi ed inediti canoni stilistici e tecnici nel comparto delle auto ad alte prestazioni.

La Miura si rivelerà un successo commerciale e d'immagine. Entrerà in listino nel 1966 e vi rimarrà

road use. In 1964, this engine was to be fitted to the 350 GT, the first Lamborghini to go on sale to the public. Two years later it was to have evolved into the 400 GT, with a displacement increased to 3929 cc.

This same engine was to be mounted in a chassis complete with wheels and suspension and displayed on the Lamborghini stand at the 1965 Turin motor show with the name TP 400, indicating its transverse rear location and its displacement very close to 4000 cc. It was to be Nuccio Bertone, thanks to the magic of the young designer Marcello Gandini, who built the bodywork that was applied to that chassis to give birth to the legendary Miura, the model that was to bring immense fame to Lamborghini and was to establish new stylistic and technical canons in the high performance car sector.

The Miura was to prove to be a huge commercial and promotional success. The car went on sale in

Nella pagina a fianco, foto ufficiale della Miura in un'elegante livrea bianca.
In alto, il rastremato andamento della zona di coda della Miura.
Sopra, a sinistra, la linea di montaggio della Miura e, a destra, i festeggiamenti per il raggiungimento delle 500 unità prodotte.

On the facing page, an official photograph of the Miura finished in an elegant white livery. Top, the tapering, truncated tail of the Miura. Above, left, the Miura production line and, right, the celebrations for the production of the 500th car.

La sezione laterale della Miura evidenzia l'intreccio dei numerosi tratti curvilinei che ne definiscono l'estetica.

The side view of the Miura highlights the numerous intersecting curved lines that define its styling.

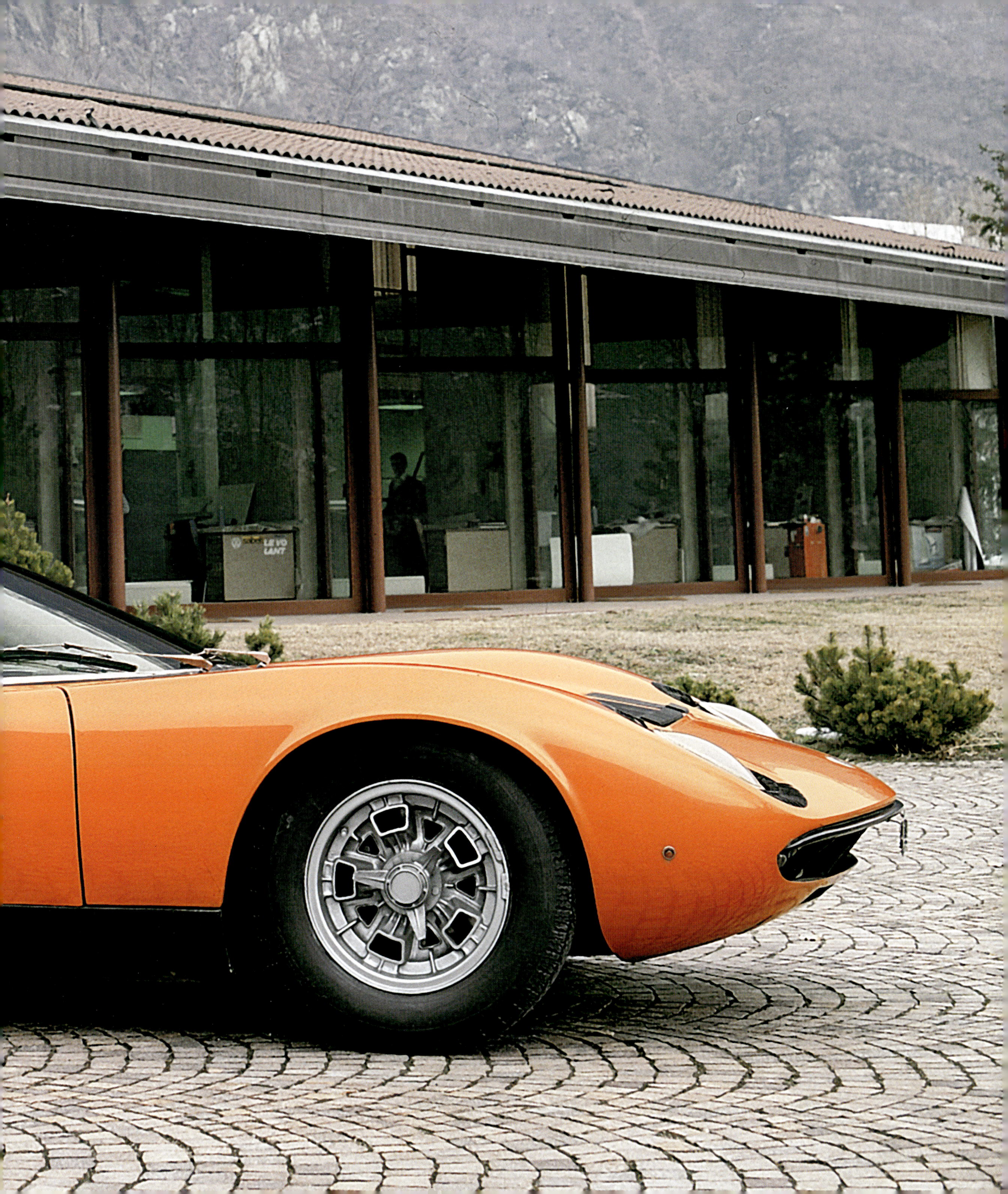

sino al 1973, compiendo la sua evoluzione in 763 esemplari e tre versioni via via migliorate con ritocchi estetici, interni più razionali, aggiornamenti meccanici, prestazioni aumentate, comportamento dinamico affinato.
Tuttavia Ferruccio Lamborghini ha una sconfinata voglia di sbalordire nuovamente, di creare una macchina capace di provocare un effetto sorprendente analogo o, meglio ancora, superiore a quanto fatto dalla Miura. Egli vuole mostrare che la supremazia della Miura non è un frutto occasionale della sua azienda bensì che in Lamborghini esistono solide attitudini a creare automobili di indiscusso livello.

1966 and was to be produced through to 1973, evolving through a total of 763 examples and three versions, gradually improved with styling modifications, more rational interiors, mechanical updates, enhanced performance and better handling.
However, Ferruccio Lamborghini had a boundless desire to shock again, to create a car capable of provoking a similar or even greater outcry than the Miura had in the Sixties. He was eager to demonstrate that the supremacy of the Miura was not the fruit of chance but rather a deep-rooted attitude at Lamborghini to creating cars of undisputed quality.

La firma di Marcello Gandini fregerà altri due capolavori di stile per Lamborghini. In alto e alla pagina a fianco, la Marzal del 1967, avveniristica quattro posti dall'estesa superficie vetrata; in alto, la Miura Roadster, concept car presentata da Bertone nel 1968.
Nella pagina a fianco, in basso, in primo piano la Flying Star II, con corpo vettura caratterizzato da spigoli vivi, linea di cintura a quota elevata e fari anteriori protetti da un'estesa carenatura. Anch'essa è rimasta allo stadio di prototipo.

Marcello Gandini was to style two further masterpieces for Lamborghini. Top and facing page, the Marzal from 1967, a futuristic four-seater with extensive glazing; above, the Miura Roadster, a concept car presented by Bertone in 1968. On the facing page, bottom, in the foreground the Flying Star II, with bodywork featuring taut, angular styling, a high beltline and headlights protected by extensive fairings. This car remained at the prototype stage.

CINTURATO

SCIONERI
CAPRERA
BERTONE
MORETTI
FISSORE
CIEMME
AIAS
SENZANI
TRANSAUTO
BERTONE

NASCE LA COUNTACH

BIRTH OF THE COUNTACH

Fatto salvo il motore con architettura a dodici cilindri a V, la nuova vettura dovrà essere totalmente diversa dalla Miura. L'ipotesi di una sua evoluzione non viene neppure presa in considerazione perché la sostituta dovrà essere sorprendente e, pertanto, non può avere punti di contatto con la progenitrice. Ferruccio tiene molto a identificare le sue automobili con un'alta esclusività, macchine subito riconoscibili, lontane dalle proposte della concorrenza, anche la più qualificata e prestigiosa. Occorre qualcosa di completamente inedito, di mai visto prima, in grado di stupire.
La base di partenza sarà costituita dai punti di forza della Miura: estetica appassionante, prestazioni straordinarie, tecnica d'avanguardia e proprietà di guida dovranno essere ulteriormente accentuati nell'erede.

With the exception of the V12 engine architecture, the new car was to be completely different to the Miura. The possibility of an evolution of the Miura was never even taken into consideration because the replacement was required to be surprising and therefore have nothing in common with its predecessor. Ferruccio was very keen to identify his cars in terms of exclusivity, as immediately recognisable, far from the offerings of his rivals, even the most distinguished and prestigious. What was needed was something completely new, something never seen before and capable of inspiring shock and awe. The starting point would be the strong suits of the Miura that would all be enhanced in its heir: thrilling styling, extraordinary performance, avant-garde technology and a driving experience. The critical are

Le criticità saranno invece assottigliate o – se possibile – eliminate del tutto.

Il programma di lavoro viene avviato nella prima metà del 1970 congiuntamente tra Carrozzeria Bertone e ingegneria Lamborghini. A definire lo schema meccanico dell'auto sarà Paolo Stanzani, capo dell'Ufficio Tecnico, che si concentra innanzitutto sulla disposizione del motore. Nella Miura la collocazione del propulsore a ridosso dell'asse posteriore determinava lo sbilanciamento dei pesi verso il retrotreno, una caratteristica che nella guida della macchina imponeva grande attenzione – soprattutto da parte dei conducenti meno preparati – per non trovarsi d'improvviso in situazioni pericolose. La particolare posizione del dodici cilindri era poi causa di scompensi termici tra le due bancate, un inconveniente in grado di compromettere anche la qualità della carburazione. Inoltre, in fase di assistenza, l'accesso agli organi meccanici disposti a ridosso della paratia di divisione dall'abitacolo risultava complicato.

as would instead be addressed and, where possible, eliminated.

The programme was launched in the first half of 1970 by Carrozzeria Bertone and Lamborghini engineering in parallel. The mechanical layout of the car was to be defined by Paolo Stanzani, head of the Technical Department, who focused above all on the location of the engine. In the Miura, the engine position up against the rear axle, determined a weight bias towards the rear end, a characteristic that demanded great attention on the part of especially the less experienced drivers, if they were to avoid finding themselves suddenly out of their depth. The unusual positioning of the V12 was also the cause of thermal imbalance between the two banks, a problem that could compromise the quality of the carburetion. Moreover, when it came to servicing, access to the mechanical organs pressed up against the bulkhead between engine bay and cockpit was complicated.

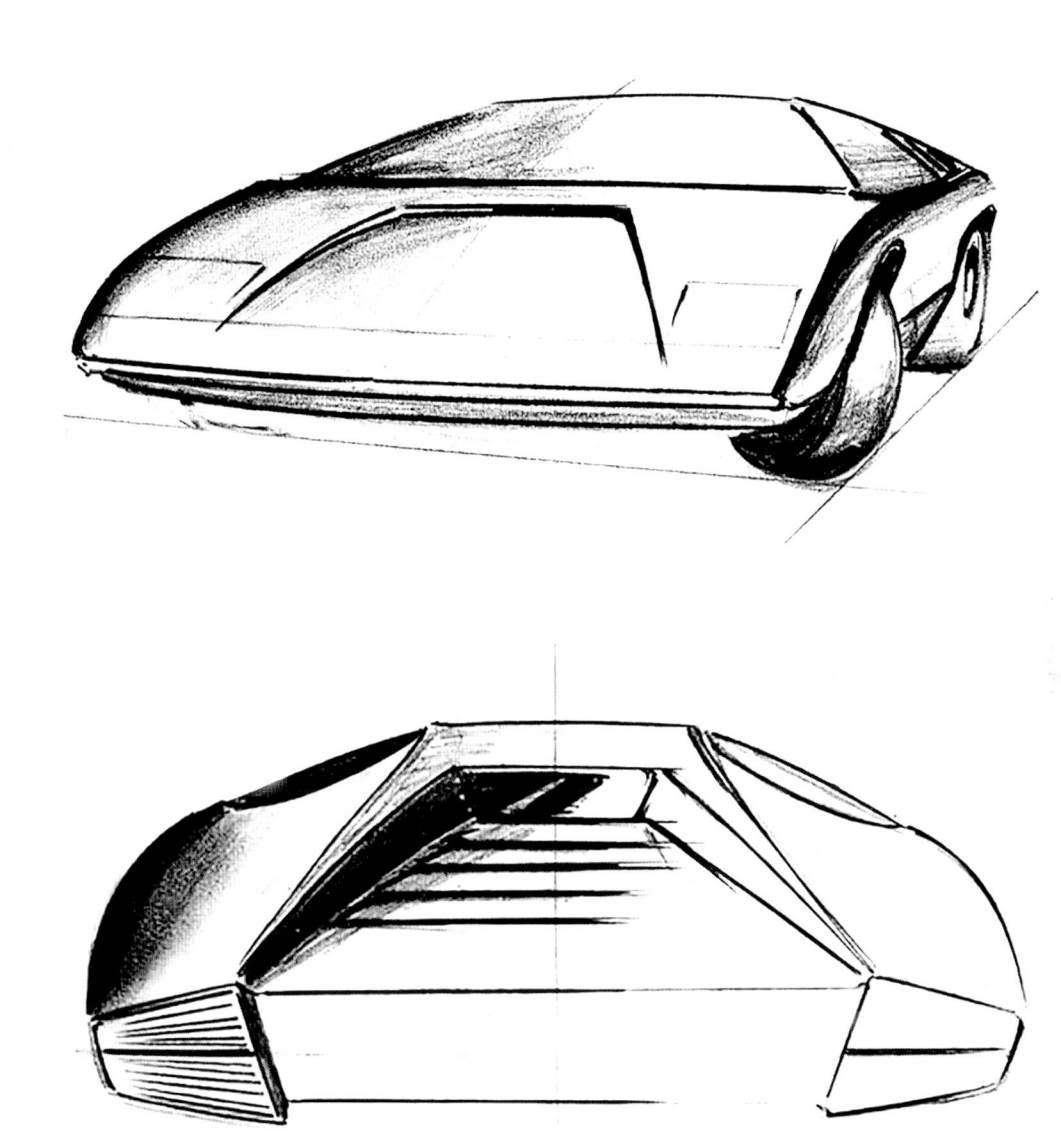

Già dai primi disegni di Gandini appare il frontale molto assottigliato della Countach e la coda con le due ampie pinne discendenti.

Gandini's earliest drawings revealed the very slim nose of the Countach and the tail with two large, sloping buttresses.

NASCE LA COUNTACH

Stanzani realizza un telaio dalla struttura scatolata alla quale vincola posteriormente una sezione in tubi quadri entro cui inserisce il motore disponendolo però lungo l'asse longitudinale della vettura, una sistemazione che di per sé aggrava lo squilibrio delle masse al posteriore; ma la genialità dell'ingegnere felsineo si esprime luminosa piazzando l'intero complesso del cambio davanti all'unità motrice, consentendo addirittura che esso invada parte della cellula abitativa della macchina. Il motore viene quindi a trovarsi collocato fra cambio e differenziale determinando un'eccellente simmetria delle masse!
Il trasferimento del moto sino alle ruote è un'ulteriore perla tecnica: Stanzani ricava infatti un condotto nella coppa dell'olio, all'interno del quale ruota un albero che collega gli ingranaggi del cambio al differenziale, mantenendo così separate le lubrificazioni di propulsore e trasmissione. La lubrificazione del cambio è inoltre assistita da una specifica pompa.
Seppur al prezzo di una maggiore complicazione costruttiva, l'architettura così concepita determina l'egregia distribuzione dei pesi con il 48% all'avantreno e il

Stanzani created a box-section chassis to which he attached a rear subframe in square-section tubes carrying the engine that was set longitudinally with respect to the axis of the car, an arrangement that in itself aggravated the imbalance of the masses at the rear, but the talented Bolognese engineer cleverly placed the entire transmission assembly at the front of the engine, even allowing part of it to invade the car's passenger cell. The engine was thereby located between the gearbox and the differential, creating excellent weight distribution.
The transfer of power to the wheels was another technical tour de force: Stanzani connected the gearbox and the different via a shaft rotating in a tunnel passing through the sump, thereby maintaining separate the engine and transmission lubrication. Gearbox lubrication was also assisted by a dedicated pump.
Albeit at the price of greater constructional complication, this layout determined an almost perfect weight distribution with 48% on the front axle and 52 on the rear, clearly better than the 40-60 of the Miura. The

Nella vista dall'alto la ricorrenza della forma geometrica del trapezio è evidente su cofano anteriore, parabrezza, finestrini laterali, cofano motore.
Il disegno alla pagina a fianco mostra come il parabrezza e il cofano siano pressoché allineati sullo stesso piano.

In the view from above, the recurrent trapezoidal form is clear on the front bonnet, the windscreen, the side windows and the engine cover.
The drawing on the facing page shows how the windscreen and the bonnet were virtually aligned on the same plane.

52 sull'asse posteriore, nettamente migliore del 40-60 della Miura. La compattezza della trasmissione garantisce poi una considerevole riduzione della misura del passo, con positivi effetti sulla dinamica della vettura. Fra l'altro questo originale modello tecnico permette anche di eliminare lunghi leveraggi tra la leva di comando delle marce e il gruppo-cambio, a favore di precisione e velocità di innesto dei rapporti. Altro vantaggio è la facilità di intervento su organi accessori quali pompa acqua, tenditori, compressore dell'aria condizionata, cinghie dei servizi.

Il nuovo schema tecnico si condensa nella sigla LP 112 scelta per l'identificazione del progetto. Le due lettere indicano infatti la disposizione longitudinale posteriore del motore e i numeri specificano come essa sia stata scelta per la prima volta per un 12 cilindri Lamborghini. Per il propulsore si inseguono nuovi traguardi prestazionali. Le misure di alesaggio e corsa vengono aumentate rispettivamente a 85 e 73 millimetri, giungendo così a 4971 cm^3 di cilindrata, 440 CV di potenza massima espressi a 7400 giri al minuto e 50,5 kgm di

compactness of the transmission assembly also guaranteed a considerable reduction in the wheelbase, to the benefit of the car's handling.

Moreover, this original technical architecture also permitted the elimination of the long linkages between the gear lever and the gearbox, improving the precision and speed of gear changes. Another advantage was the ease with which work could be done on the ancillaries such as the water pump, belts and tensioners and the air conditioning pump.

The new technical layout was condensed in the LP 112 code chosen to identify the project. The two letters in fact indicated the rear longitudinal engine location while the numbers indicated how this was chosen for the first time for a 12-cylinder unit.

New performance objectives were chased for the engine. The bore and stroke dimensions of the V12 were increased to 85 and 73 mm respectively, resulting in a total displacement of 491 cc, which was good for 440 hp produced at 7400 rpm and 50,5 kgm of torque at 5000 rpm. A battery of six horizontal twin-

coppia a 5000 giri. A garantire l'alimentazione singola dei dodici cilindri provvede una batteria di sei carburatori orizzontali doppio corpo.

Anche l'impianto di raffreddamento segna un punto di rottura rispetto alla Miura, la cui disposizione frontale del radiatore aveva il difetto di indirizzare aria calda verso il parabrezza della macchina al momento dell'entrata in funzione delle ventole, condizione certamente sgradevole nella bella stagione. Il problema viene risolto impiegando due radiatori nel vano motore, a destra e a sinistra del propulsore, una soluzione che contribuisce, anch'essa, all'accentramento delle masse e permette di ricavare un vano più ampio nella zona anteriore della vettura.

choke carburettors provided individual fuel feeds to each of the 12 cylinders.

The cooling system also represented a clean break with respect to the Miura, in which the front location of the radiator had the unwanted effect of sending hot air towards the windscreen when the fans cut in, hardly what was required in hot weather! The problem was resolved by using two radiators mounted in the engine bay, to the right and left of the power unit, a configuration that itself contributed to the concentration of the masses at the centre and allowed a larger luggage bay to be created at the front of the car.

The development of the car's styling proceeded in parallel with the definition of the technical specifi-

Plancia e comandi sono fedeli a quanto sarà effettivamente mostrato al pubblico di Ginevra con la presentazione della LP 500.

Dashboard and controls were faithful to those shown to the public at Geneva with the presentation of the LP 500.

Contemporaneamente alla definizione tecnica, lo sviluppo dell'auto prosegue anche sotto l'aspetto stilistico. La collaborazione tra Lamborghini e Bertone si è edificata negli anni attraverso le brillanti stelle di Miura ed Espada nonché del prototipo Marzal del 1967, tutti modelli che recano la firma di Marcello Gandini. Torinese, classe 1938, Gandini è alla corte di Bertone dal 1965 ed è ora a capo del design dell'atelier piemontese. L'alto valore riconosciuto alla sua opera viene ulteriormente esaltato quando è proprio lui ad essere chiamato, dopo avere appunto disegnato la Miura, a comporre la veste estetica dell'auto che la sostituirà.
È una responsabilità quanto mai impegnativa perché alla stessa persona si chiede infatti di celebrare ed elevare le carismatiche proprietà di un modello indirizzandole però in uno stile completamente diverso.
Al vertice di uno staff composto da Fausto Boscariol, Arrigo Gallizio ed Eugenio Paliano, Gandini si mette al lavoro disegnando una carrozzeria che abbandona del tutto i numerosi precedenti tratti arcuati distintivi a fa-

cation. The relationship between Lamborghini and Bertone was developed over the years thanks to the brilliance of the Miura and the Espada, along with the Marzal prototype from 1967, all models styled by Marcello Gandini. Born in Turin in 1938, Gandini had been with Bertone since 1965 and was now the Piedmont firm's head of design. The high value attributed to his work was further exalted when, after having designed the Miura, it was he who was called upon to define the styling of the car that was to replace it.
This was a particularly demanding responsibility given that the same person was being asked to celebrate and elevate the charismatic qualities of one car and transfer them to another in a completely different style.
At the head of a working group composed of Fausto Boscariol, Arrigo Gallizio and Eugenio Paliano, Gandini set to work on the design of bodywork that abandoned all the previous distinctive curves in favour of straight lines and accentuated angles. In short, it had nothing in common with the Miura. This was

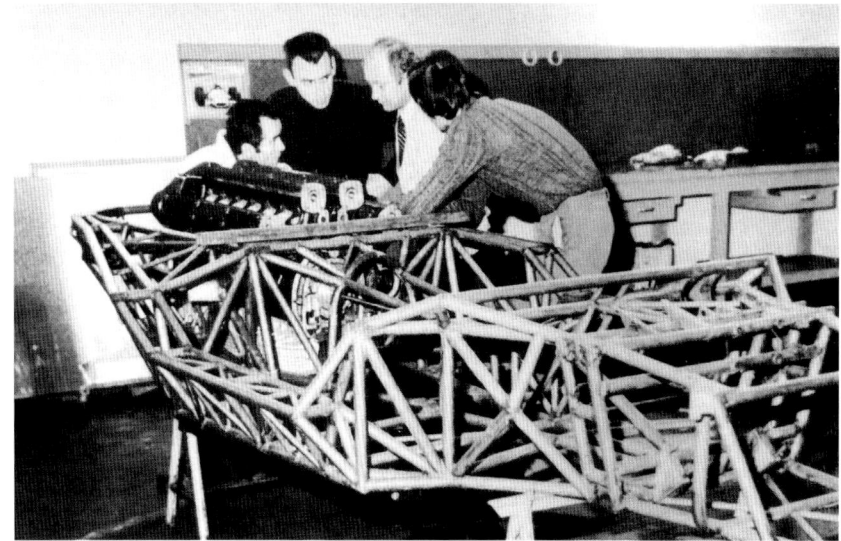

In alto, un altro disegno dell'inconsueto e avveniristico posto guida inizialmente concepito per la Countach.
Sopra, Paolo Stanzani e i suoi tecnici osservano la disposizione del motore all'interno del telaio in tubi che sarà deliberato per la produzione della Countach.

*Top, another drawing of the unusual and futuristic driving position, initially conceived for the Countach.
Above, Paolo Stanzani and his engineers observe the location of the engine within the tubular chassis that was to be signed off for the production Countach.*

NASCE LA COUNTACH

vore di linee rette ed angoli accentuati. Nulla in comune, dunque, con la Miura. Del resto si ribadisce come per stupire il pubblico occorra distaccarsi da quanto sino a quel momento realizzato per una supersportiva; c'è bisogno di qualcosa di inedito, di mai visto prima. Solo così si potranno sorprendere gli appassionati. Lo stile della nuova macchina sarà del tutto differente ma perseguirà la vocazione di esagerare tanto cara a Ferruccio, il quale spingeva per concretizzare ciò che sulle prime poteva apparire impossibile. D'altra parte, seppur da poco acquisita, l'utenza della Lamborghini tende alla sportività e all'esasperazione. La clientela è per lo più costituita da persone arrivate al successo iniziando dai gradini più bassi della carriera professionale o artistica e che per questo desiderano mostrare la propria affermazione distinguendosi tramite una vettura esteticamente e tecnicamente all'avanguardia. Alla nuova auto si decide di dare il nome LP 500, evidenziando così la sistemazione del motore e la cilindrata di cinque litri.

Accanto al prototipo della Jota parcheggiato all'interno dello stabilimento Lamborghini, Paolo Stanzani rilascia un'intervista a Severo Boschi, giornalista de Il Resto del Carlino.

Alongside the Jota prototype parked in the Lamborghini factory, Paolo Stanzani gives an interview to Severo Boschi, a journalist from Il Resto del Carlino.

further confirmation that in order to shock the public what was required was to break away from what up to then had constituted a supercar; there was a need for something new, something previously unseen. This was the only way of continuing to surprise the enthusiasts. The style of the new car was to be very different, but it was to pursue that vocation for exaggeration so dear to Ferruccio, who was eager to concretize what at first sight may have appeared impossible. After all, even though it had only recently been acquired, the Lamborghini clientele clearly loved extremes and an overtly sporting character. That clientele was largely composed of people who has achieved success by starting from the lowest rungs of the professional or artistic ladder and were hence keen to show off that success by distinguishing themselves through an aesthetically and technologically avant-garde car.
It was decided to baptise the new model as the LP 500, thereby highlighting the engine location and the five-litre displacement.

Il complesso motore-trasmissione ideato da Paolo Stanzani è un elemento fortemente simbolico della particolare tecnica applicata alla Countach.

The complex engine-transmission assembly conceived by Paolo Stanzani is symbolic of the very specific technology applied to the Countach.

Stanzani e Gandini si confrontano costantemente, lavorano fianco a fianco per la migliore espressione del design atta ad individuare un prodotto che già al primo sguardo evochi prestazioni elevatissime. C'è la forte volontà di stabilire nuovi traguardi di design e tecnologia.

Gandini traccia un monovolume slanciato e penetrante, bassissimo, di forma pressappoco romboidale, una sorta di cuneo espressamente disegnato per fendere l'aria. Una sola linea curva parte dall'assottigliato musetto e passa su cofano anteriore, parabrezza, tetto e coda, racchiudendo l'intera automobile. Uno stile puro ed essenziale, mai visto prima, che grida il linguaggio del futuro e che appare perfettamente rappresentativo della concezione di Gandini, secondo cui la forma deve assecondare le emozioni. Tutto è impostato su linee tese e spigoli, in piena contrapposizione con la progenitrice. La geometrica essenzialità si traduce in prorompente espressività.

Stanzani and Gandini worked together closely constantly to achieve the best expression of the design and to create a product that would evoke extremely high performance at first sight. There was a strong urge to establish new horizons for design and technology.

Gandini penned a sleek, penetrating and incredibly low single volume, with a roughly rhomboid shape, a kind of wedge expressly designed to cut through the air. A single curved line starts from the slim nose, swoops the length of the coachwork through to the tail, enclosing the whole car. Pure and essential styling of a kind never seen before, screaming the language of the future and apparently a perfect representation of Gandini's concept whereby form should indulge emotion. Everything was based around taut, sharp lines, in complete contrast to the car's predecessor. The simple geometry translated into explosive expressivity.

NASCE LA COUNTACH

LAMBORGHINI Countach - 1971   **ｂ BERTONE**

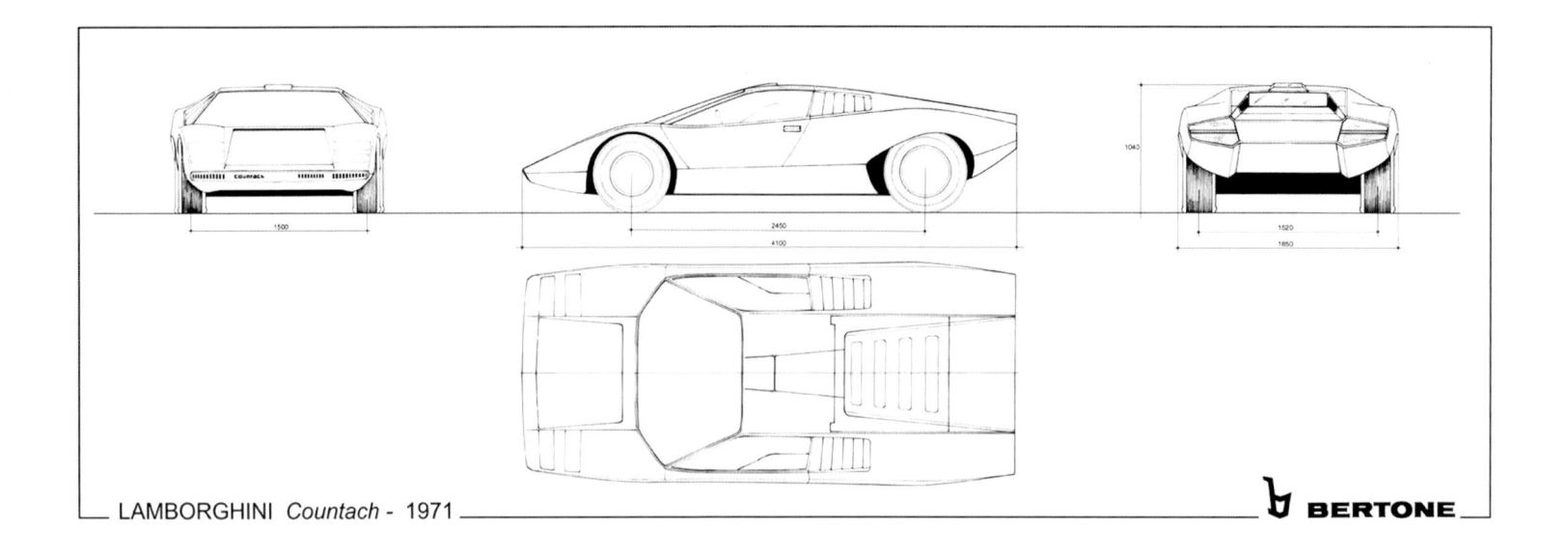

La sezione anteriore dell'auto è dominata dal magnifico piano inclinato che unisce il volume frontale della macchina al grande parabrezza. Il musetto è una stretta fascia metallica satinata con tre piccole aperture grigliate, due per l'afflusso di aria di raffreddamento ai dischi dei freni e una per l'apparato di condizionamento dell'abitacolo. Alzando la vista verso il tetto, si osserva un andamento piramidale. La base del vetro poggia flessuosamente sulle gobbe degli imponenti parafanghi in cui sono alloggiati i gruppi ottici principali a scomparsa e gli inserti trasparenti per luci di posizione e indicatori di svolta. La forma trapezoidale del parabrezza risulta perfettamente abbinata a quella del cofano, al di sopra del quale è incassata una sottile fessura per l'aerazione dell'interno vettura.

Nell'immagine laterale il tema del trapezio viene ripreso nelle portiere sagomate a diedro che appaiono proprio come la sovrapposizione fortemente angolata di due trapezi speculari, con la parte superiore costituita dal finestrino. L'accentuata inclinazione del vetro laterale ne impedisce la discesa all'interno della portiera, quindi ad essere apribile – con la raffinatezza del comando elettrico – è solo un ridotto settore incorniciato in un profilo lucido. Esuberante l'altezza del brancando. Altro elemento particolare della vista di fianco sono i grandi ingressi lamellari per dirigere aria verso il motore, simili a due grosse branchie.

Guardando posteriormente l'auto, si nota come il co-

The front section of the car was dominated by the magnificent inclined plane uniting the frontal volume and the huge windscreen. The nose was a slim, satined metal strip with three small mesh openings, two channelling cooling air to the brake discs and one for the cockpit air conditioning system. Moving on to the roof, a pyramidal form could be seen. The base of the glazing rested sinuously on the humps of the imposing wings that housed the pop-up headlights and the transparent inserts for the side-light and indicator clusters. The trapezoidal form of the windscreen was perfectly matched with that of the bonnet, above which is set a slim aperture for the interior ventilation.

In the side view, the trapezoidal form was reprised in the shape of the doors that appeared to be composed of two sharply angled and specular trapezoids, with the upper part composed of the side window. The accentuated inclination of the lateral glazing prevented it from descending into the door and therefore only a small section framed by a bright profile was openable via a sophisticated electrical mechanism. The height of the sills was notable. Another distinguishing feature of the side view were large louvred intakes channelling air to the engine, which resembled two large gills.

Looking at the car from the rear, the densely perforated engine cover and the luggage compartment

In alto, un disegno Bertone con le misure esterne della LP 500. A destra, l'elemento del trapezio si ritrova anche nella larga scanalatura praticata sul tetto, dov'era inizialmente previsto l'alloggio di un singolare sistema retrovisivo.

Top, a Bertone drawing with the external dimensions of the LP 500. Right, a trapezoidal element was also found in the large groove on the roof, where an unusual rear-view system was originally designed to be housed.

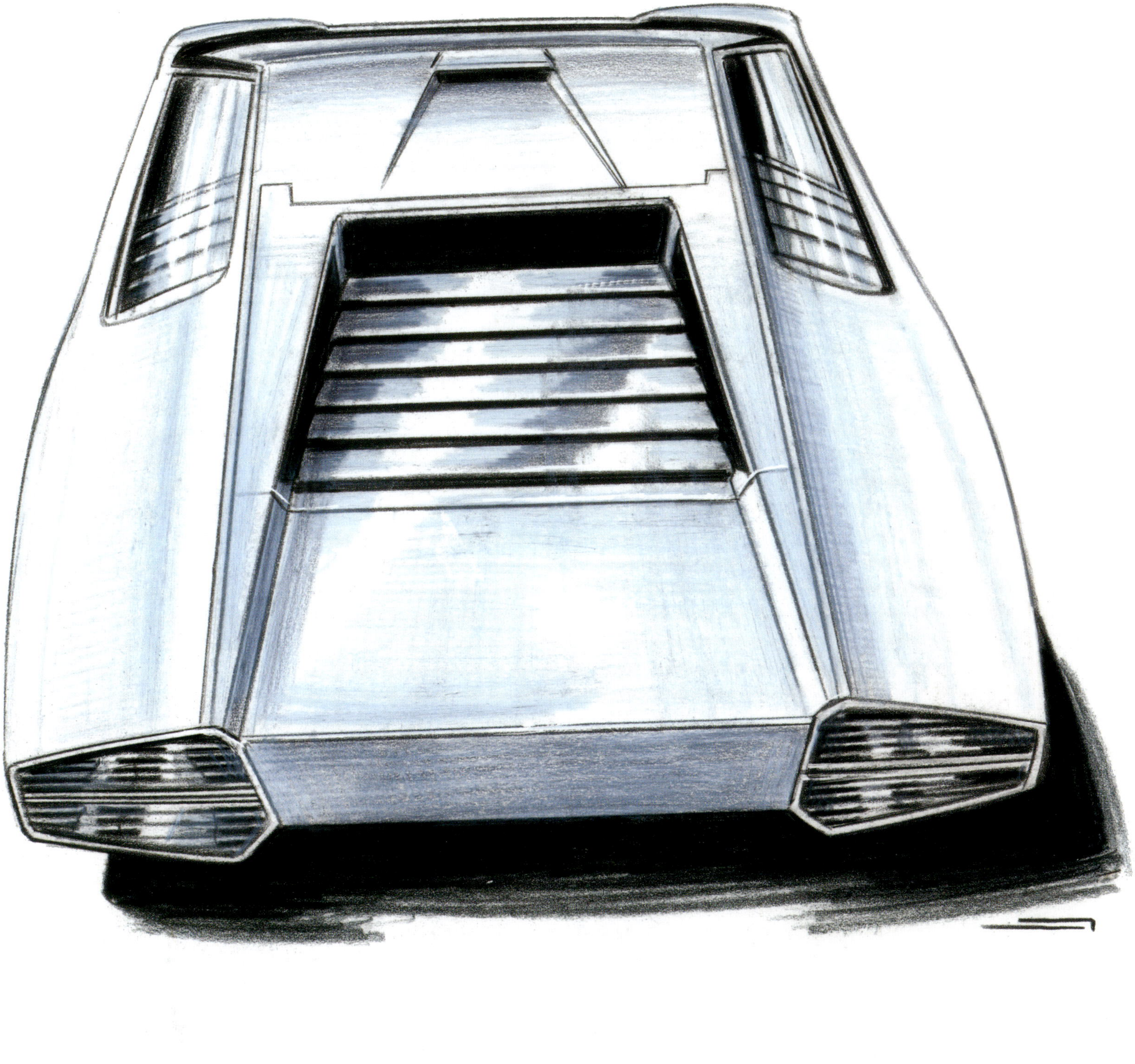

fano motore fittamente forato e il coperchio del vano bagagli siano inglobati tra le due larghe pinne di raccordo poste fra il tetto e il pannello verticale che ospita agli estremi le grandi luci di coda. Più in basso, la linea prende nuovamente una flessione concava, zona perfetta per alloggiare i terminali di scarico accentuatamente orientati verso l'alto.

Altri fattori distintivi sono il piccolissimo lunotto costituito da una ristretta fascia di vetro e l'arco del passaruota posteriore con andamento ripetutamente smussato.

Il punto più alto di spettacolarità della LP 500 trova però la sua consacrazione nella modalità di accesso all'interno della Countach. Gandini realizza infatti un maestoso elemento di stampo futuristico, capace di conferire un'acuta caratterizzazione a tutta l'immagine dell'auto. Per essere aperta, la portiera, anziché venire tirata verso se stessi come in tutte le auto, va invece manovrata con un movimento rotatorio da compiersi verso l'alto nella direzione del muso della macchina. È una soluzione invero poco pratica, che, complice anche la ridotta altezza dell'auto da terra, obbliga a contorsionismi per l'accesso e l'uscita dall'abitacolo e che costringe a movimenti quasi innaturali per afferrare la portiera e richiuderla dall'interno, ma che crea indubbiamente una scenografia di elevata consistenza,

cover were set between two large flying buttresses between the roof panel and the vertical tail housing the large rear lighting clusters. Lower down, the line takes on a concave form, creating an area perfectly suited to housing the exhaust pipes, which were slanted steeply upwards.

Other unusual features included the tiny rear screen composed of a slim band of glass and the rear wheel arch with its compound curves.

However, the spectacular nature of the Countach LP 500 found its ultimate consecration in the way that its interior was accessed. Gandini in fact created a majestic feature of a futuristic nature, one capable of lending the car a unique identity. To open the door, instead of pulling it towards you like with virtually every other car, it has to be swung with a rotary movement up and in the direction of the nose of the car. This was a rather impractical feature, especially given the car's low ground clearance which obliged contortions to get into and out of the cockpit, as well as unnatural movements to grab the door and close it from inside. It did, however, provide a degree of theatricality only previously matched by the Alfa Romeo Carabo prototype from 1968, which was also designed by Marcello Gandini for Bertone and which, thanks to its futuristic con-

In basso, vista di tre quarti posteriore della LP 500. Nella pagina a fianco, le numerose griglie sul cofano per l'espulsione dell'aria calda generata del motore di cinque litri di cilindrata.

Bottom, rear threequarters view of the LP 500. On the facing page, the numerous grilles in the engine cover for the expulsion of hot air generated by the five-litre power unit.

il cui solo precedente si trova nel prototipo Alfa Romeo Carabo del 1968, anch'esso disegnato da Marcello Gandini per Bertone e che, proprio per la sua impronta avveniristica, fu esposto dal 14 al 20 settembre 1969 al John and Mable Ringling Museum of Art di Sarasota, in Florida, come unica espressione di design in rappresentanza dell'Italia.

Il nome
La sigla LP 500 interrompeva la consuetudine secondo la quale la nascitura Lamborghini avrebbe avuto denominazione proveniente dalla tauromachia, ovvero a riferimenti alla pratica della corrida. Sino a quel momento, esclusi i casi iniziali di 350 e 400 GT, era stato Ferruccio a scegliere personalmente i nomi dei nuovi modelli consultando frequentemente la biblioteca dell'Istituto Zootecnico della Facoltà di Veterinaria dell'Università di Bologna.
Per la discendente della Miura si preferisce dunque tornare alle caratteristiche tecniche, ma durante una notte di lavoro, Teresio Renaudo, collaboratore di Marcello Gandini, addetto alle minuterie, uomo di alta statura

figuration, was exhibited from the 14th to the 20th of September 1969 at the John and Mable Ringling Museum of Art in Sarasota, Florida, as a unique expression of Italian design.

The name
The LP 500 name interrupted the "tradition" where by the new Lamborghinis were given names drawn from the vocabulary of the tauromachy, that is to say with references to bullfighting. Up until then, with the exception of the early 350 and 400 GT, it had been Ferruccio who had personally chosen the names of new models, frequently consulting the library of the Livestock Institute of the University of Bologna's Faculty of Veterinary Medicine.
In this case, for the descendent of the Miura, the firm had preferred to return to the technical characteristics,
but during an all-night working session, Teresio Renaudo, a colleague of Marcello Gandini, responsible for small parts, a tall man accustomed to expressing himself in the Piedmont dialect, when he saw the

LE AUTO DI BERTONE
DREAM CARS BY BERTONE

Si racconta che, alla vista del telaio della Miura al Salone di Torino del 1965, Nuccio Bertone si sia avvicinato a Ferruccio Lamborghini sussurrandogli «Io sono quello che può fare la scarpa al tuo piede». È un connubio largamente proficuo e di alta qualità quello tessuto tra la carrozzeria piemontese e il marchio bolognese. Tramite la matita di Marcello Gandini si è dato origine a capolavori impressi nella memoria degli appassionati. Allo straordinario primo atto rappresentato dalla Miura segue la stupefacente Marzal del 1967, caratterizzata dalle grandi superfici vetrate e dalle estese portiere con apertura ad ala di gabbiano. Poi è la volta delle quattro posti Espada, Jarama e Urraco, rispettivamente del 1968, 1970 e 1972. Dopo la Countach, Gandini apporrà la sua firma anche sulla prima spider Lamborghini, la Jalpa del 1981.

It is said that on seeing the Miura chassis at the Turin Motor Show in 1965, Nuccio Bertone approached Ferruccio Lamborghini whispering, "I'm the one who can make the shoe for that foot". What was established between the Piedmontese coachbuilder and the Bolognese marque turned out to be a very profitable partnership. By way of Marcello Gandini's pencil, masterpieces were created that live on in the memories of the enthusiasts. The extraordinary first act represented by the Miura was followed by the stunning Marzal in 1967, characterised by vast glazed areas and long, gull-wing doors. Then came the four-seaters, the Espada, Jarama and Urraco, respectively from 1968, 1970 and 1972. After the Countach, Gandini was also to style the first Lamborghini spider, the Jalpa from 1981.

Nella pagina a fianco, la sorprendente Stratos Zero, futuristico prototipo di Marcello Gandini del 1970. A destra, l'Alfa Romeo Carabo, da cui derivarono le portiere con apertura verso l'alto della Countach. Nella foto grande, Nuccio Bertone a fianco alla Stratos Zero. Sotto, una vista di tre quarti posteriore della Carabo; in basso, le grandi portiere della Marzal consentivano di accedere sia ai posti anteriori sia ai posteriori.

On the facing page, the surprising Stratos Zero, a futuristic prototype by Marcello Gandini from 1970. Right, the Alfa Romeo Carabo, from which the upwards opening doors of the Countach were derived. In the large photo, Nuccio Bertone alongside the Stratos Zero. Below, a rear three-quarters view of the Carabo; bottom, the Marzal's large doors allowed access to both the front and back seats.

SUPERCARS — LAMBORGHINI COUNTACH | 53

NASCE LA COUNTACH

che si esprimeva genuinamente in dialetto piemontese, vedendo l'estetica dell'auto pressoché finita, si lasciò scappare l'espressione *countach*! Si tratta di un termine proveniente da *contacc*, antica parola utilizzata nell'ambiente medico locale per indicare il pericolo dettato dall'estrema facilità di contagio durante la disastrosa infezione di peste bubbonica del 1630. La parola – accentata sull'ultima sillaba e declinata anche nella variante *contagg*, per la quale il Repertorio Etimologico Piemontese cita il medesimo significato – si è successivamente diffusa per esprimere stupore e meraviglia giungendo anche ad assumere il valore di imprecazione. La sua etimologia si riferisce al termine latino *contāgĭum*, composto da *cum* e *tangere*, rispettivamente *con* e *toccare*, ovvero contatto. Altri studi, meno accreditati, ne individuano l'origine nella lingua russa.

L'espressione piacque comunque molto a Gandini che ottiene anche il parere positivo dell'orecchio anglosassone di Bob Wallace, collaudatore neozelandese spinto dalla passione per le auto sportive

---

In alto, la LP 500 nel set fotografico del Cimitero Parco di Torino, poco prima della partenza per la presentazione ufficiale in anteprima al Salone di Ginevra 1971. Sopra, i grandi fanali posteriori inseriti nel pannello di coda.
Alla pagina a fianco, tre foto promozionali Bertone dove risalta la ridotta altezza della vettura e la ricorrenza dell'elemento geometrico del trapezio.

Top, the LP 500 on the set for the photo shoot at the Cimitero Parco in Turin, shortly before leaving for the official preview presentation at the Geneva Motor Show in 1971. Above, the large rear lights set into the tail panel. On the facing page, three Bertone promotional photos highlighting the reduced height of the car and the recurrence of the geometric trapezoidal motif.

---

almost finished car he exclaimed *countach*! This is a term deriving from the ancient world *contacc*, used in the local medical circles to indicate the danger deriving from the extreme ease of contagion during the disastrous bubonic plague outbrerak in 1630. The word, accented on the final syllable and also used in the variant *contagg*, for which the Piedmont Etymological Repertoire cites the same meaning – was later more widely used to express awe and wonder and also took on the value of a swear word. Its etymology refers to the Latin term *contāgìum*, composed of *cum* and *tangere*, respectively con (with) and toccare (touch), that is to say, *contact*. Other, less authoritative, studies identify its origins in the Russian language.

In any case, the expression caught the imagination of Gandini who also obtained a thumbs up from the English-speaking Bob Wallace. The New Zealand-born test driver whose passion for sports cars encouraged him to leave his home land for Italy and

a lasciare il suo Paese natale per l'Italia e che sarà chiamato in Lamborghini da Dallara dopo aver lavorato in Maserati.

Pare che, a questo punto, Gandini abbia ritualmente convalidato il nome Countach facendolo incidere su una piastra di metallo. Lo stesso designer dichiarerà che questa espressione di sorpresa era comunque rappresentativa del grande lavoro svolto per giungere alla definizione della macchina. D'altra parte è noto che la lingua italiana comunica i concetti, mentre il dialetto esprime i sentimenti…

Differenti narrazioni sostengono che l'espressione Countach sia da attribuire a Bertone, ma c'è pure chi racconta che la parola sia stata pronunciata da un contadino che nei pressi di Grugliasco vide il prototipo definitivo nascosto in una cascina per via di agitazioni sindacali interne all'azienda e non seppe trattenere lo stupore! Ancora, si dice che la celebre parola sarebbe scappata ad un portinaio di Bertone che accompagnò Stanzani sin dentro la sala dov'era allestito il prototipo.

was to be taken to Lamborghini by Dallara after having worked at Maserati.

Apparently, at this point Gandini ritually endorsed the name Countach by having it engraved on a metal plate. The designer himself was to declare that this expression of surprise was in any case representative of the immense efforts made to define the car. On the other hand, it is well-known that the Italian language expresses concepts and dialect sentiments…

Alternative narrations have it that the expression Countach is to be attributed to Bertone, or that the word was pronounced by a farmer who somewhere near Grugliasco saw the definitive prototype concealed behind a barn due to the on-going union struggles within the firm, and that he had been unable to contain his surprise! It has also be suggested that the celebrated word escaped a Bertone gatekeeper who had followed Stanzani into the room where the prototype was built.

NASCE LA COUNTACH

Ginevra 1971

Le linee estetiche e progettuali della LP 500 vengono completate nella seconda metà del 1970 e a gennaio dell'anno successivo parte il gigantesco sforzo per la realizzazione del prototipo. Si decide infatti che la macchina verrà ufficialmente presentata a pubblico e organi di informazione solo pochi mesi più tardi, al 41° Salone dell'Automobile di Ginevra, previsto per il mese di marzo.

Il compito è reso ancor più ostico da un Nuccio Bertone che tradizionalmente non ammette l'esposizione di semplici maquette nel suo stand: le auto, pur se prototipi, devono essere interamente funzionanti; ciò implica che anche la parte meccanica dovrà essere completata in tempo per la manifestazione elvetica, scenario di somma importanza nell'ambito automobilistico internazionale. Cominciano ritmi di lavoro che si estendono dal giorno alla notte, si procede incessantemente, senza sosta, e le cadenze sono sempre più compresse man mano che l'appuntamento si avvicina. La sera prima dell'apertura della rassegna ginevrina il prototipo della Countach viene caricato su una bisarca e indirizzato verso la Svizzera. Ma il lavoro continua

La posa della modella mette in risalto l'avveniristico sistema di apertura delle portiere della LP 500, qui esposta nella sua prima apparizione pubblica allo stand Bertone al Salone di Ginevra.

The pose of the model draws attention the LP500's futuristic door opening system at the car's first pubic appearance on the Bertone stand at the Geneva Motor Show.

BIRTH OF THE COUNTACH

Geneva 1971

The styling and engineering design for the LP 500 were completed in the second half of 1970 and in January the following year the firm geared up for the production of the prototype. It was decided that the car would be officially presented to the public and press just a few months later, at the 41st Geneva Motor Show, scheduled for March.

The task was made all the more difficult by Nuccio Bertone who traditionally would never permit the display of simple mock-ups: on his stand, the cars, even though prototypes, had to be fully functioning; this implied that the mechanical side would have to be completed in time for the Swiss show, an event of the utmost importance on the international automotive scene. Work would go on late into the night, incessantly, with the deadlines coming thick and fast as the show approached.

On the evening prior to the opening in Geneva, the Countach prototype was loaded onto a transporter and despatched to Switzerland. However, work on the car continued even once it had reached its destination: on the eve of the show

anche a destinazione: la sera della vigilia, i rapporti del cambio del prototipo non vogliono saperne di inserirsi ad eccezione della sola seconda marcia. In piena notte si smonta l'intera trasmissione, ma il guasto non viene risolto. La macchina raggiungerà lo stand del Salone con un solo rapporto a disposizione.

Giorno 11 marzo, nello spazio espositivo riservato alla Carrozzeria Bertone, viene sollevato il telo dalla Countach LP 500. Sono le dieci del mattino e la vettura si mostra in un acceso ed inconsueto colore giallo, una tinta voluta da Gandini, appariscente ed insolita al pari dell'arancione utilizzato cinque anni prima, ugualmente a Ginevra, per il debutto della Miura. La volontà di Ferruccio Lamborghini di stupire, meravigliare, sorprendere, catalizzare l'attenzione, passa anche attraverso l'intensa colorazione di quella vettura con gli stemmi Bertone sui fianchi della carrozzeria e

the prototype's gears were refusing to engage with the sole exception of second. The entire transmission was stripped down in the middle of the night, but the problem persisted. The car was therefore to take its place on the show stand with just one speed available.

On the 11th of March, in the exhibition space reserved for Carrozzeria Bertone, the covers were taken off the Countach LP 500. It was 10 o'clock in the morning and the car presented a bright and atypical yellow livery, a colour specified by Gandini, as eye-catching and unusual as the orange used five years earlier in Geneva for the Miura debut. Ferruccio Lamborghini's determination to cause shock and awe, to surprise and catalyse attention was also seen in the intense colour of the car with the Bertone badges on the flanks and the

A sinistra e nella pagina a fianco, la Countach al 41° Salone di Ginevra.

Left and on the facing page, the Countach at the 41st Geneva Motor Show.

la scritta Countach riportata in carta adesiva sul musetto e sulla coda.

Insieme alla LP 500, a Ginevra la Lamborghini espone per la prima volta la versione SV della Miura e l'inedita Urraco P 250, berlinetta con motore V8 omologata per quattro persone. Ma l'attenzione è tutta per la Countach, di fronte alla quale il pubblico mostra meraviglia e stupore, perfettamente accordati al nome dell'auto. In tanti si accalcano a fotografare quella macchina eccezionale e numerosi giornalisti ne chiedono gli scatti realizzati al Cimitero Parco di Torino poco prima della partenza per la Svizzera.

Nel comunicato stampa ufficiale, la LP 500 viene definita *idea-car*, una dizione che tiene in sospeso un eventuale seguito produttivo del modello. Il testo

self-adhesive Countach script on the nose and tail. Together with the LP 500, it was on the Geneva stand that Lamborghini exhibited for the first time the Miura SV and the new Urraco P 250, a berlinetta with a V8 engine and four seats. However, all eyes were on the Countach, in the face of which the public showed a kind of stunned surprise that was perfectly in keeping with the name. There were crowds scrambling to photograph the exceptional car and hordes of journalists asking for the press shots taken at the Cemetery Park in Turin shortly before the departure for Switzerland. In the official press release, the LP 500 was defined as an idea-car, a term that left open-ended the question of the model's production future.

NASCE LA COUNTACH

della Lamborghini, scritto dall'addetto alle pubbliche relazioni aziendali Etienne Cornil, continua descrivendo l'auto come il frutto di una valida collaborazione con la Carrozzeria Bertone in grado di proporre «avanzati concetti progettativi per una vettura gran turismo a due posti con prestazioni effettive di 300 km/h». Si esprimono riferimenti al telaio in lamiera scatolata e si elencano i vantaggi della disposizione del propulsore e dell'originale trasmissione, giungendo a sottolineare benefici persino nei confronti della forza esercitata dal vento laterale che investe la macchina. In ultima pagina vengono riportate le caratteristiche tecniche fra le quali figurano i carburatori Weber 42 DCOE, i dischi dei freni di produzione Girling sulle quattro ruote e i cerchi ruota in lega di magnesio da 14 pollici a marchio Campagnolo con disegno a fitte finestrelle perimetrali. Le dimensioni sono di 4100 millimetri di lunghezza, 1870 di larghezza, 1030 di altezza, 2450 la misura del passo. Il peso è dichiarato in

---

The Lamborghini text, written by the firm's public relations office, Etienne Cornil, continued by describing the car as the fruit of a successful collaboration with Carrozzeria Bertone that had led to "advanced design concepts for a two-seater grand touring car with real 300 kph performance." References were made to the chassis in box-section metal and the advantages of the engine location and the original transmission were listed, with the benefits in terms of the force exerted on the car by side winds being emphasised. The last page presented the technical specification which included the Weber 42 DCOE carburettors, the Girling disc brakes on all four wheel and the 14" magnesium alloy wheels by Campagnolo with a design of close-set peripheral fenestration. The quoted dimensions were a length of 4,100 mm, a width of 1,870 mm, a height of 1030 mm and a wheelbase of 2,450 mm. The declared dry weight was 1,130 kilos and 1,250 kilos in running order, with

In alto, l'interesse per la LP 500 è palpabile e in molti si apprestano a fotografare la vettura.

Sopra, la porta sollevata della LP 500.

Above, the raised door of the LP 500.

Top, interest in the LP 500 was palpable and many enthusiasts were eager to photograph the car.

1130 chilogrammi a secco e 1250 in ordine di marcia, ovvero con il pieno di benzina ai due serbatoi di 80 litri ciascuno. Viene addirittura specificata la capienza di 125 litri del vano anteriore, destinato all'alloggio di ruota di scorta e batteria.
L'abitacolo della LP 500 conferma l'altissimo livello tecnologico già visto all'esterno. Il volante, ad esempio, ha un'unica massiccia razza costituita da tre grossi elementi di gomma. La strumentazione è un trionfo di tecnologia. Fra tachimetro e contagiri classicamente analogici, quattro spie segnalano – in funzione dei colori – il grado di anomalia di uno specifico impianto della vettura integrando le indicazioni su un pannello elettronico a sinistra. Sulla base di quanto avviene nel settore aeronautico, le informazioni vengono mostrate solo quando effettivamente necessarie, così da minimizzare le distrazioni del conducente e tenerlo concentrato sulla guida. Superfluo dire che questa strumentazione contribuisce abbondantemente a quel senso di avanguardia e futurismo di tutta la Countach,

the two 80-litre fuel tanks both full. The capacity of the front compartment destined to house the spare wheel and battery was quoted as 125 litres. The cockpit of the LP 500 confirmed the extremely high level of the technology seen from the exterior. The steering wheel, for example, had a single large spoke composed of three large rubber elements. The instrumentation was a technological triumph. Set between the classic analogue rev counter and speedometer, four warning lights advised – on the basis of the colours – the degree of anomaly of a specific system, integrating the indications on an electronic panel located on the left. Following aeronautical practice, the information was displayed only when strictly necessary so as to minimize distractions for the driver and allow them to concentrate on the road. It hardly needs to be said that this instrumentation made a considerable contribution to that futuristic, avant-garde air typical of the Countach, suggest-

In alto, il particolare specchio retrovisore interno, posto in corrispondenza alla feritoia ricavata sul tetto, dava una visione posteriore libera da qualunque interferenza con elementi all'interno della vettura. Nelle due foto più piccole sopra, volante monorazza e rivestimento dei sedili sono caratterizzati da spessi motivi quadrangolari in rilievo. Sul brancardo di sinistra sono ricavati il posacenere e una pulsantiera per i comandi secondari.

Top, the unusual internal rear-view mirror, located in correspondence with the slot let into the roof, gave a rear view free of any interference from the elements inside the car. In the two smaller photos above, the single-spoke steering wheel and the seat upholstery were characterised by thick rectangular elements. An ashtray and switchgear for the secondary controls were mounted on the left-hand sill.

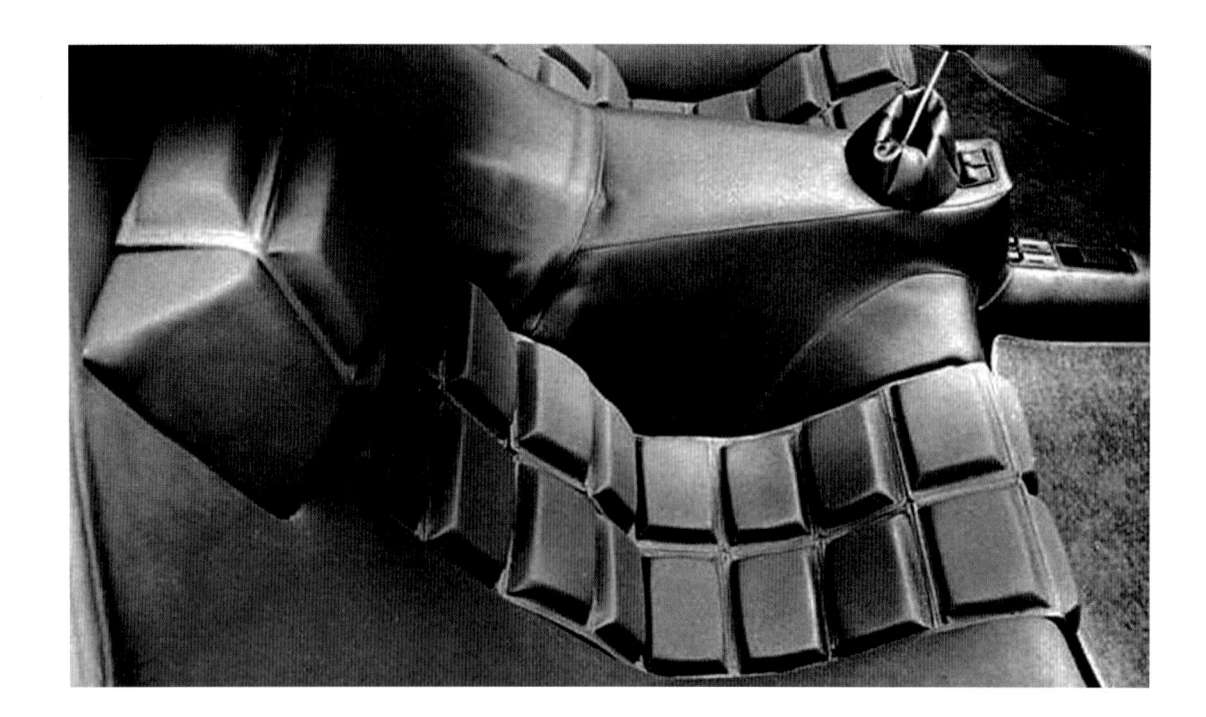

L'inconsueta sagoma del rivestimento dei sedili.

The unusual shape of the padded seat upholstery elements.

come se ci si trovasse addirittura al cospetto di una navicella spaziale piuttosto che di un'automobile.
I sedili risultano di fatto incastonati tra i larghi brancardi e separati fra loro dal voluminoso tunnel di alloggio della trasmissione. Sono costituiti da un unico foglio di lamiera esteso dal cuscino al poggiatesta e il loro rivestimento è sagomato con bizzarre sporgenze simili a mattoncini. La forma lascia presagire una posizione di guida con le ginocchia piuttosto rialzate.
Nella Countach persino la visione retrostante avviene con una modalità fuori dall'ordinario, con un sistema molto simile ad un periscopio. All'interno di un rilievo sagomato sul tetto viene collocato lo specchietto retrovisore che si trova così in corrispondenza di un'insenatura ricavata sul medesimo pannello superiore e che quindi, attraverso la sola interposizione di un vetrino

ing that we were in the presence of a spaceship rather than a car.
The seats were set between the wide sills and were separated from one another by the voluminous transmission tunnel. They were composed of a single sheet of steel extending from the cushion to the headrest that was upholstered with bizarre, brick-like protuberances. The shape suggested a driving position with the knees fairly high.
In the Countach, even the rear view was provided with an unusual system more akin to a periscope than a classic mirror. A moulding on the roof panel housed the rear view mirror in correspondence with a channel let into the panel, with the positioning of the trapezoidal glass providing a view to the rear from the highest point of the car,

trapezoidale, permette la visione retrostante direttamente dalla zona più alta dell'auto, senza quindi nessuna interferenza con elementi dell'abitacolo e senza i limiti imposti dal minuscolo lunotto.

Ginevra è un ottimo contesto per verificare l'interesse suscitato attorno alla LP 500 e valutare l'eventuale strada dell'industrializzazione. La macchina è assolutamente fuori dal comune per scelte tecniche e stilistiche e questo spinge appassionati ed addetti ai lavori a pensare che molto difficilmente quello strano oggetto potrà conoscere la strada della produzione. Tanta ammirazione ma altrettanto scetticismo lasciano intendere la LP 500 come una prodigiosa creazione d'immagine, con la convinzione generale che si tratti principalmente di una splendida *one-off* da trasporre sulle copertine delle riviste.

Alla conclusione del Salone è chiaro come la Countach abbia fortemente diviso l'opinione, fra chi l'ha trovata stupenda e chi la definisce invece sconcertante. Ci sono le condizioni giuste per valutarne un futuro commerciale.

---

with no interference from cabin components and none of the limits imposed by the minuscule rear screen.

Geneva was an excellent setting to verify the interest aroused by the LP500 and to evaluate the model's eventual industrialization. The car was thoroughly unconventional in terms of technical and stylistic features and this encouraged enthusiasts and industry insiders to think that that strange object would be unlikely to go into production. Such admiration coupled with such scepticism suggested that the LP 500 was seen a prodigious image booster and the general opinion was that it would essentially remain as a splendid one-off magazine cover star.

By the end of the show, the Countach had sharply divided observers into two camps, those who defined it as stunning and those who instead found it baffling. The time was ripe to evaluate its commercial future.

In numerose fotografie promozionali, la Countach appare con le portiere sollevate.
In alto, l'auto è ripresa nell'ambientazione di un castello in Piemonte, sopra presso lo stabilimento Lamborghini di Sant'Agata Bolognese.

*The Countach appeared in numerous promotional photos with its doors raised.
Top, here the car is seen in the setting of a Piedmont castle, and above in the Lamborghini factory at Sant'Agata Bolognese.*

Due modelle vestite di nero contrastano con il giallo intenso della Countach fotografata in Grecia. L'auto ha adesso una serratura a chiave al cofano anteriore.

Two models dressed in black contrast with the intense yellow of the Countach photographed in Greece. The car now had a lock on the front bonnet.

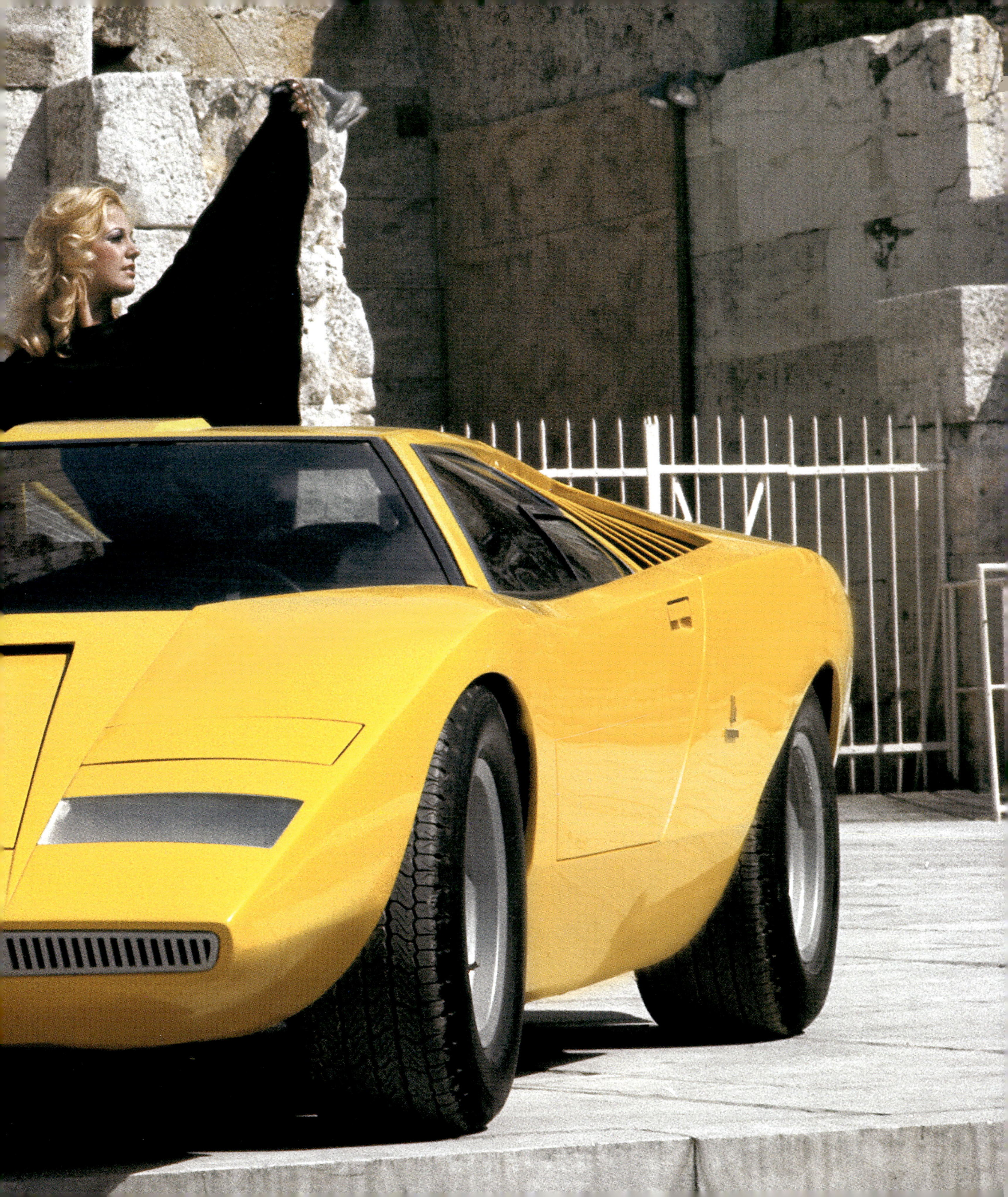

I collaudi

Ad aprile la Countach LP 500 viene nuovamente esposta in favore di appassionati e giornalisti, questa volta all'interno dello stabilimento di Sant'Agata. Successivamente la macchina poserà davanti all'obiettivo fotografico tra i castelli piemontesi e i Murazzi del Po, per mostrarsi, poco più tardi, ai saloni autunnali di Parigi e Torino e giungere ad essere fotografata a novembre nella singolare location dell'Odeon di Erode Attico ad Atene.

Nel frattempo sono iniziati i test per verificare le reali possibilità di industrializzazione dell'auto, con Ferruccio che preme affinché la Countach entri nel listino Lamborghini. Gli impianti di simulazione per esaminare in laboratorio le sollecitazioni a organi meccanici ed elementi della carrozzeria sono particolarmente costosi e fuori dalla portata di un costruttore minuscolo come

Testing

In April, the Countach LP 500 was exhibited once again to enthusiasts and journalists, this time within the setting of the Sant'Agata factory. The car was then to pose for the cameras in front of the Piedmont castles and on the Murazzi embankments on the river Po, before being taken to the autumn shows in Paris and Turin and finally photographed in November in the unique location of the Odeon of Herodus Atticus in Athens.

In the meantime, testing had begun to verify the true possibility of industrializing the car, with Ferruccio eager for the Countach to be added to the Lamborghini catalogue. Simulators permitting stresses on mechanical organs and bodywork elements to be examined under laboratory conditions are particular-

In basso, la LP 500 ancora una volta a portiere sollevate. Nella pagina a fianco, nelle due foto piccole in alto, test per verificare l'aerodinamica della Countach in sessioni su strada. Nella foto grande sopra, la LP 500 si trova in Sicilia attorniata da un nugolo di curiosi appassionati. A destra, uno scatto dall'abitacolo della LP 500 poco prima dell'imbarco a Villa San Giovanni. Entrambe le foto sono di Paolo Stanzani e provengono dall'archivio Stanzani.

Bottom, the LP 500 once again with its doors raised. On the facing page, in the two smaller photos at the top, test sessions on the road evaluating the Countach's aerodynamics. In the large photo above, the LP 500 in Sicily, surrounded by a gaggle of curious enthusiasts. Right, a shot of the cockpit of the LP 500, shortly before embarking at Villa San Giovanni. Both photos are by Paolo Stanzani had were drawn from the archivio Stanzani.

Lamborghini, dotato solo di un piccolo settore tecnico interno. Con Bob Wallace alla guida, i collaudi si sviluppano dunque in lunghe sessioni su percorsi aperti al traffico. Nel tratto autostradale fra Bologna e Padova si conducono prove di alta velocità al mattino presto. Per i test di affaticamento ci si spinge in direzione sud, a volte anche al di là di Roma, giungendo addirittura in Campania e persino in Calabria, superando spesso i mille chilometri di impegno quotidiano. La guidabilità si testa sul Passo della Futa e all'aerautodromo di Modena. Tutto ciò è essenziale per misurare i costi e la fattibilità di un ingresso in produzione e rendere la macchina adatta agli impieghi stradali.

Per valutarne le qualità aerodinamiche, la LP 500 affronta tragitti autostradali affiancata da un'Espada in corsia di sorpasso, all'interno della quale i tecnici Lamborghini osservano attentamente l'andamento di una moltitudine di fili di lana appiccicati sulla metà sinistra della carrozzeria (non avrebbe avuto senso metterli anche a destra in quanto non sarebbero stati visibili dall'auto di

ly expensive, well beyond the resources of a tiny constructor such as Lamborghini, which was equipped with just a small in-house technical department. Under the supervision of Bob Wallace, testing therefore took place in long sessions on roads open to normal traffic. High speed tests were conducted early in the morning on the stretch of autostrada between Bologna and Padua. For the stress tests, the car instead headed south, at times beyond Rome, even reaching Campania and Calabria and frequently covering more than 1,000 kilometres in a single day. Handling was evaluated on the Futa Pass and the Modena Aerautodromo circuit. All this was essential in order to calculate costings and evaluate the feasibility of production and rendering the car suitable for road use.

In order to assess its aerodynamic qualities, the LP 500 tackled stretches of the autostrada alongside an Espada in the outside lane from which the Lamborghini could carefully observe the behaviour of a multitude of woollen threads attached to the left-hand

scorta). In questo modo appare sufficientemente chiaro il percorso dei flussi d'aria sulla vettura.

Si testa l'impianto di condizionamento sperimentando diverse collocazioni delle componenti e nuove prese d'aria. Si provano poi molteplici configurazioni per un tergicristallo che ben si adatti all'inconsueta forma del parabrezza collaudando differenti punti di fulcro, dislocazioni più o meno visibili dei bracci e varie posizioni di riposo. Saranno sperimentate anche soluzioni con un solo braccio e movimento a pantografo, spazzole uniche o sdoppiate.

Ad impensierire presto lo staff tecnico Lamborghini è però il raffreddamento del propulsore. Il grande calore emanato dal V12 porta il liquido refrigerante a temperatura troppo elevata non appena si pongono condizioni di bassa velocità o tratti in salita. La batteria di ben quattro elettroventole non è in grado di sopperire al modesto flusso d'aria che le sottili fessure laterali indirizzano al vano motore. Ecco allora che i radiatori vengono spostati in alto e collocati trasversalmente, ciascuno con una sola ventola. Alle prese lamellari sulla carrozzeria si sostituiscono due ampie sacche, molto più efficaci nell'apporto di aria verso le masse radianti. Poco dopo, la modifica viene coadiuvata dall'applicazione di una presa Naca tra portiera e fiancata su ciascun lato della vettura. È così che i parametri di side of the bodywork (there would have been no point attaching them to the right too as they would not have been visible from the chase car). This system rendered the air flows over the car sufficiently clear.

The air conditioning system was tested by experimenting with different component locations and new air intakes. Multiple windscreen wiper configurations were tested to find one suitable for the unusual screen shape, with different pivot points and more or less visible wiper arm resting positions being evaluated. Experiments were conducted with single-arm pantograph-style wipers with single or twin blades were also tried.

What gave the Lamborghini staff immediate food for thought was instead the cooling of the engine. The great heat generated by the V12 took the cooling liquid to an excessively high temperature when driving a low speeds or when tackling climbing roads. The battery of no less than four electric fans was unable to overcome the modest flow of air which the slim lateral vents directed to the engine bay. The radiators were consequently set higher and located transversally, each with a single dedicated fan. The louvred vents in the bodywork were replaced with two large scoops, which were much more efficient in directing air to the radiators. Shortly afterwards, this modifica-

In questa e nella pagina successiva, due scatti della LP 500 facenti parte del servizio fotografico realizzato per la rivista *Style Auto* che dedicò alla Countach un articolo apparso sul n° 28, nel secondo semestre del 1971.

On this and the following page, two shots of the LP 500 from the photo shoot for the magazine Style Auto *which dedicated an article to the Countach published in issue No. 28, in the second semester of 1971.*

funzionamento vengono condotti a valori confortanti anche nelle più disparate condizioni di utilizzo della macchina. Lo spazio lasciato libero dalle precedenti branchie viene presto riempito da due piccoli finestrini di forma, immancabilmente, trapezoidale.

Le modifiche esteriori apportate dopo l'aggiornamento del sistema di raffreddamento alterano la purezza delle linee della LP 500 ma parallelamente accentuano le caratteristiche impetuose della sua estetica straordinaria.

Le sospensioni sono continuamente monitorate dalla competenza di Bob Wallace che osserva i segni di usura provocati dallo stress dei collaudi e dà indicazioni per il miglior adeguamento alla configurazione stradale della macchina. La trasmissione si rivela invece subito affidabile, oggetto solo di piccole correzioni per smorzare le vibrazioni.

Accanto a importanti interventi, la LP 500 è oggetto anche di piccole modifiche: al cofano anteriore viene applicata una serratura a chiave e nel pannello di coda una piccola scritta metallica *"lamborghini"* (proprio con l'iniziale minuscola) sostituisce il nome Countach. Nel maggio del 1972 Wallace e Stanzani portano la LP 500 addirittura in Sicilia, in concomitanza alla 56ª Targa Florio. È un test duro, lungo e gravoso ma sembra che proprio il rientro dall'isola della Trinacria motiverà ulteriormente Ferruccio Lamborghini perché la Countach divenga un modello di serie.

tion was bolstered with the addition of a Naca duct between the door and the rear wing on both sides of the car. In this way, the operational parameters were reset to more acceptable values in even the most diverse conditions of use. The space left free by the earlier gills was soon filled by two small windows with, naturally a trapezoidal shape.

The external modifications introduced following the uprating of the cooling system mutated the purity of the LP 500's lines, but in parallel accentuated the aggressive nature of its extraordinary styling.

The suspension was constantly monitored by the talented Bob Wallace who noticed wear provoked by the stresses of the tests and was able to suggest improvements to the car's road-going configuration. The transmission instead proved to be reliable from the outset, the object of only minor modifications to dampen vibrations.

Alongside the major changes, the LP 500 was also subjected to a myriad minor modifications: the front bonnet was fitted with a lock and on the tail panel a small metal 'lamborghini' badge (with the lower case initial l) replaced the Countach name.

In the May of 1972, Wallace and Stanzani took the LP 500 as far as Sicily, in concomitance with the 56th edition of the Targa Florio. This was a long and gruelling trial, but it seems that the car's return from the island was to provide Ferruccio Lamborghini

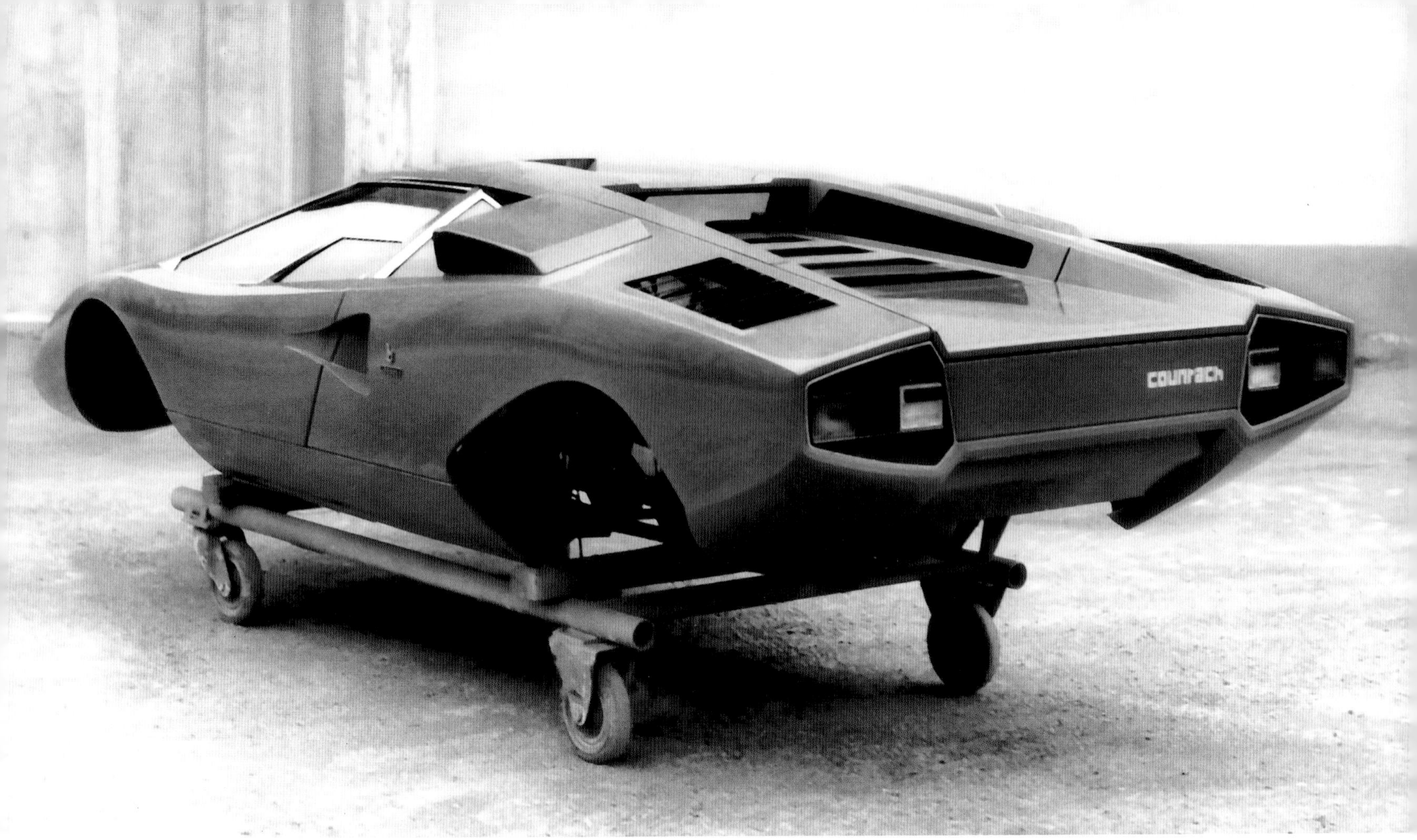
countach

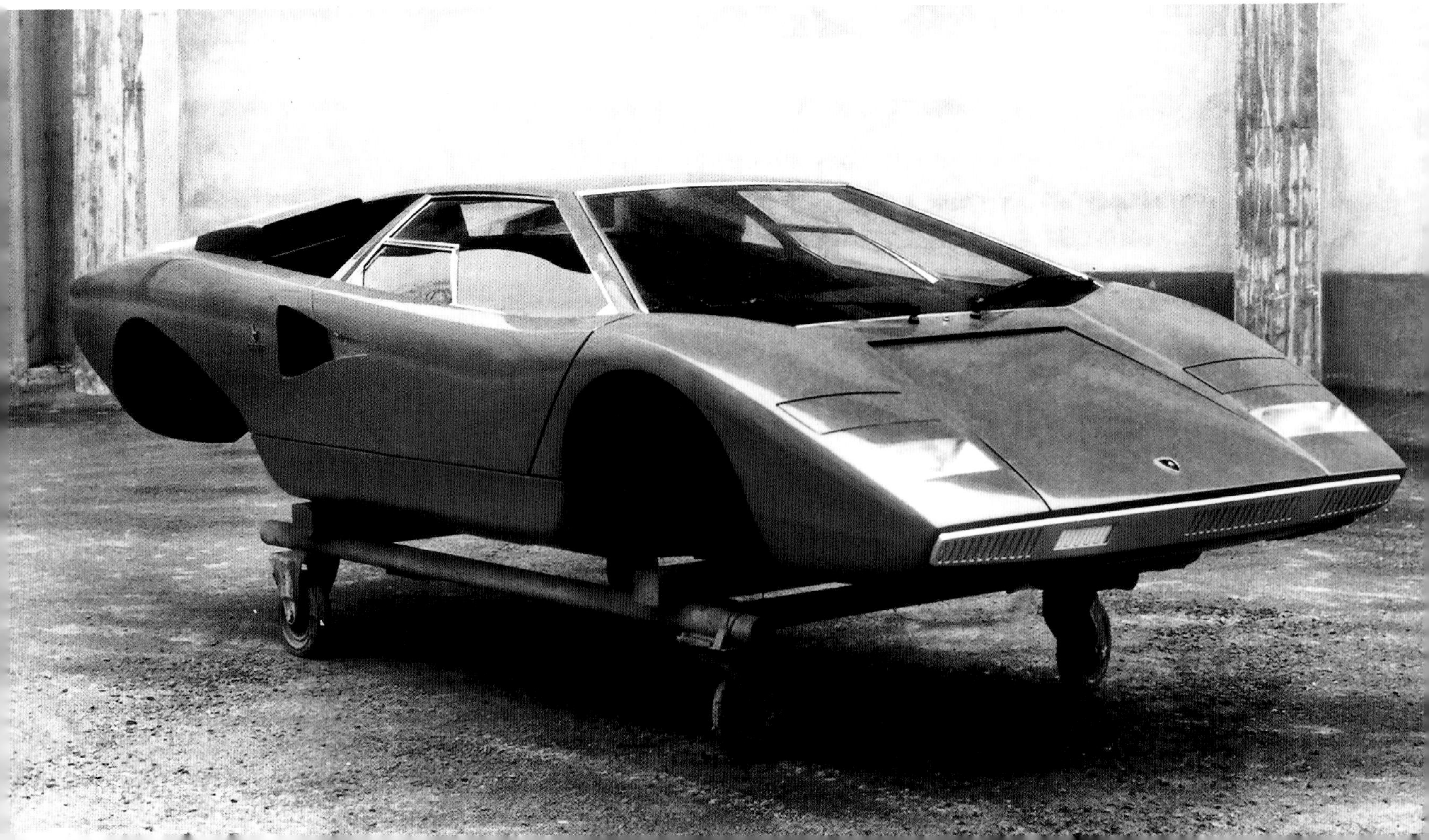

Nella pagina a fianco, due immagini del secondo prototipo della LP 500 privo di ruote e sospensioni.
In basso, in questa pagina, la LP 500 dopo l'introduzione delle prese Naca alle portiere e delle grandi palpebre di aerazione per convogliare aria fresca al motore.

On the facing page, two shots of the second LP 500 prototype without wheels and suspension. Bottom, on this page, the LP 500 following the introduction of Naca ducts to the doors and the large brow vents channelling cool air to the engine.

Se in Lamborghini si preme per l'avvio alla produzione, in Bertone non c'è ancora piena convinzione a destinare la macchina al pubblico. È a questo punto che entra in scena la figura di Giancarlo Guerra. Nato nel 1931, Guerra viene assunto presso la Carrozzeria Scaglietti all'età di ventisette anni e mostra presto una particolare abilità nella lavorazione dell'alluminio, tanto da rassicurare Enzo Ferrari un giorno che chiese proprio un corpo vettura in alluminio.

Paolo Stanzani ne conosce la bravura e chiama ripetutamente Guerra al telefono, insistendo per avere un appuntamento che si riesce a concretizzare in un'osteria di Nonantola per parlargli dettagliatamente della Countach e dell'importanza strategica che il modello è capace di rappresentare per il futuro della Lamborghini. Stanzani sottolinea a Giancarlo come la sua competenza può essere determinante a sciogliere le perplessità di intraprendere la costruzione della macchina. Pochi giorni dopo, la LP 500 viene mostrata a Guerra. Egli la osserva a lungo silenziosamente in ogni particolare, rimanendo meravigliato dalla ridotta altezza dell'auto e dal circoscritto volume dell'abitacolo, ma – alla fine – asserisce che la LP può conoscere la strada dell'industrializzazione, seppur a costi più elevati di quanto tipicamente richiesto per una supersportiva.

La Countach LP 500 gialla terminerà la sua vita il 21 marzo 1974 in una prova di crash al centro collaudi della Motor Industry Research Association in Inghilterra.

with further motivation to add the Countach to the Lamborghini range.

While there were those at Lamborghini eager to launch production, at Bertone there were others yet to be convinced by the idea. It was at this point that the figure of Giancarlo Guerra entered the scene. Born in in 1931, Guerra was employed by Carrozzeria Scaglietti at the age of 27 and soon showed a particular talent for working with aluminium, so much so that an impressed Enzo Ferrari asked him to produce an aluminium body.

Paolo Stanzani was aware of Guerra's skill and repeatedly called to make an appointment which finally came about in an osteria in Nonantola where they spoke in detail about the Countach and the strategic importance the model was capable of representing for the future of Lamborghini. Stanzani emphasised to Giancarlo how his skill could be determinant in resolving the doubts over undertaking production of the car. A few days later the LP 500 was shown to Guerra. He silently observed every detail at length, stunned by the lowness of the car and the compact volume of the cockpit, but in the end he was able to state that the LP could in fact be put into production, albeit at costs higher than those typical required for a supercar.

The yellow Countach LP 500's life ended on the 21st of March 1974, in a crash test at the Motor Industry Research Association testing facility in England.

LA LP 400
THE LP 400

Nel 1972 si esegue un leggero restyling del marchio Lamborghini e si delibera la costruzione di un secondo prototipo della Countach, frutto dell'esperienza maturata al termine dei test condotti sulla LP 500. Benché esteticamente simile, il nuovo modello presenta significative novità, la più importante delle quali è l'adozione di un telaio in tubi al posto della precedente struttura in lamiera scatolata, costosa da produrre e poco vantaggiosa in termini di peso e rigidità. Costruito dalla ditta Marchesi & C. di Modena, fondata nel 1965 da Umberto Marchesi e Mauro Bonora e specializzata in telai automobilistici destinati a vetture di modesti numeri di produzione, il nuovo complesso della Countach si compone di un intricato reticolo portante, al quale vengono fissati superiormente i tubi per il sostegno degli elementi esteriori. Il peso è di 90 chilogrammi,

The Lamborghini badge was subjected to minor restyling in 1972 and the powers that be signed off on construction of a second Countach prototype that would draw on the experience gained through the LP 500 tests. Although aesthetically similar, the new model presented significant novelties, the most important of which being the adoption of a tubular chassis in place of the previous box-section tub, which was expensive to produce and offered few advantages in terms of weight and stiffness. Built by Marchesi & C. of Modena, a company founded in 1965 by Umberto Marchesi and Mauro Bonora that specialised in automotive chassis for cars produced in small batches, the new Countach chassis was composed of an intricate spaceframe to which were attached the tubes carrying the external elements. It weighed 90 kilos,

ben 17 meno della precedente soluzione a lamiera scatolata. I tubi utilizzati hanno spessore di un millimetro e diametri di 15, 25 e 30 millimetri, e su di essi vengono apposti i pannelli della carrozzeria in lega di alluminio fissati per mezzo di rivetti.

La macchina così allestita sarà rifinita in tinta rossa e verrà mostrata al Salone di Ginevra del 1973 prefigurando il modello ormai essenzialmente pronto per l'avvio in produzione. Per questo nuovo prototipo Gandini si porrà il problema dell'apertura delle portiere in caso di ribaltamento dell'auto, un requisito al quale il designer piemontese aveva comunque pensato sin dalle prime fasi di progettazione della Countach. Studierà un fissaggio a coni di centraggio bloccati da una levetta a sgancio automatico in caso di cappottamento, in modo da consentire l'agevole distacco delle porte e permettere agli occupanti di uscire dall'auto. I lavori impegnarono a lungo Gandini, tuttavia in Lamborghini il tema non sembrò interessare più di tanto e il sistema non venne adottato.

a full 17 less than the previous box-section version. The tubes used had a thickness of 1 millimetre and diameters of 15, 25 and 30 millimetres, while the aluminium alloy body panels were rivetted to the tubular structure.

The car produced to this specification was finished in red and shown at the Geneva Motor Show in 1973, prefiguring the model that was essentially ready to go into production. With this new prototype, Gandini tackled the problem of opening the doors in the case of the car overturning, something which the Piedmont designer had actually taken into consideration from the initial phases of the Countach project. He was to design a mounting system with centring cones fixed by an automatic release lever that was actuated in the case of overturning, thereby facilitating the removal of the doors and allowing the occupants to escape the car. The task kept Gandini busy at length, although within Lamborghini the issue did

In alto, il secondo prototipo della Countach. Sopra, il telaio definitivo con struttura in tubi.

Top, the second Countach prototype. Above, the definitive tubular chassis.

LA LP 400

Differenze minori rispetto alla LP 500 del 1971 sono l'inversione del senso d'apertura del cofano anteriore e le maniglie alle portiere sostituite da un pulsante di sblocco a testa in giù dentro l'apertura Naca. Si rinuncia all'elaborata strumentazione elettronica per una tradizionale dotazione di indicatori analogici e viene abbandonato il sistema retrovisivo a periscopio, anch'esso piuttosto complicato sotto il punto di vista della realizzazione pratica e del rilascio dell'omologazione. Il lunotto riceve un'inclinazione di tre gradi al fine di eliminare i fastidiosi riflessi sullo specchietto retrovisore interno, i grandi fanali posteriori risultano eccessivamente elaborati nella loro fattura e si sostituiscono con modelli già disponibili per la grande serie. Sparisce anche il taglio anteriore per l'afflusso di aria nell'abitacolo. Il comando dei vetri laterali perde l'assistenza elettrica in favore di un'economica manovella. Alcune rinunce si spiegano con una situazione economica resasi più delicata. Ferruccio si allontana progressivamente dall'azienda da lui fondata. Una fornitura di ben

Due immagini del secondo esemplare sperimentale costruito. Diversa anche la configurazione dei bracci del tergicristallo.

Two shots of the second experimental example to be constructed. The configuration of the windscreen wiper arms was also different.

not seem to be of great interest and the system was not adopted.
Minor differences with respect to the 1971 LP 500 included the reversal of the front bonnet opening direction and the door handles which were replaced by an inverted release button within the Naca duct. The elaborate electronic instrumentation was dispensed with in favour of traditional analogue gauges, while the periscope rear-view mirror system, which was rather complicated in terms of practical implementation and homologation, was abandoned. The rear screen was given a three-degree slant in order to eliminate annoying reflections on the interior rear-view mirror, while it was decided that the large rear lights were excessively elaborate and were replaced with versions already available for production models. The front air intake slot for passenger compartment ventilation also disappeared. The electric side window mechanism was replaced with an inexpensive manual winder.

L'abitacolo del secondo prototipo rinuncia alla futuristica strumentazione elettronica.

The cockpit of the second prototype dispensed with the futuristic electronic instrumentation.

cinquemila trattori commissionata dal governo della Bolivia viene infatti rifiutata in prossimità della scadenza di pagamento causando una mazzata finanziaria. La forma giuridica della Lamborghini è di società in accomandita semplice e Ferruccio ne risponde quindi direttamente per cui, nel malaugurato caso di un fallimento, la famiglia Lamborghini potrebbe perdere tutto. Un rischio troppo grande che costringe il fondatore verso la scelta pressoché obbligata di vendere la sezione Automobili, il cui valore è immediatamente monetizzabile, all'imprenditore svizzero Georges Henri Rossetti. In più ci troviamo all'indomani del 1968, i cui tumulti sociali hanno cambiato drasticamente i rapporti tra imprenditori e operai e in lontananza si staglia la crisi energetica che si abbatterà pesantemente sulle auto ad alte prestazioni.

È anche per questo che verrà accantonato lo sviluppo del motore di cinque litri inizialmente annunciato e si preferirà utilizzare il noto e collaudato 3929 cm^3 di Espada e Miura. Si spiega analogamente la mancata richiesta per l'omologazione verso i mercati del Nord America, detenuta invece dagli altri modelli della gamma Lamborghini. Rientrato a Sant'Agata da Ginevra, il prototipo sarà verniciato in verde e riceverà una coppia di faretti supplementari anteriori insieme a un tergicristallo a braccio

Certain simplifications could be explained by an economic situation that had become more delicate. Ferruccio was gradually distancing himself from the company he had founded. An order for no less than five thousand tractors made by the government of Bolivia was in fact rejected close to the payment deadline, causing a financial blow. Lamborghini's legal structure was that of a limited partnership and Ferruccio was therefore directly liable and consequently, in the unfortunate event of bankruptcy, the Lamborghini family could lose everything. This risk was too great and forced the founder towards making the almost obligatory decision to sell the Automobili division, the value of which was immediately convertible into cash, to the Swiss entrepreneur Georges Henri Rossetti. Moreover, the company was having to cope with the aftermath of the social turmoil of 1968, which drastically changed the relationship between businessmen and workers, while looming in the distance was the energy crisis that was to hit performance cars particularly hard.

This was in part the reason why development of the five-litre engine initially announced was shelved and the tried and tested 3929 cc unit from the Espada and Miura was preferred. This also explains the decision

Nel 1973 *Quattroruote* pubblica la foto del secondo prototipo della Countach, esposto a Ginevra con carrozzeria verniciata di rosso. La didascalia del servizio accenna all'impiego dell'alluminio per il corpo vettura.

In 1973, Quattroruote, *published a photo of the second Countach prototype, exhibited at Geneva in a red livery. The caption to the article mentioned the use of aluminium for the car body.*

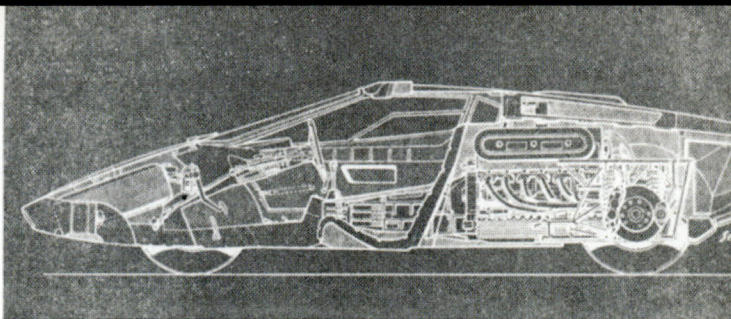

Il telaio della « Countach » è ora tubolare, la carrozzeria quasi tutta in alluminio con alcuni rinforzi in lamiera d'acciaio nei punti soggetti alle maggiori sollecitazioni. Nel disegno riprodotto in alto si nota la disposizione dei principali organi meccanici con la scatola del cambio a 5 velocità che entra nell'abitacolo e separa nettamente i sedili.

LA "COUNTACH" DEFINITIVA

Nello stand di Lamborghini al Salone di Ginevra era esposto un esemplare della « LP 500 Countach » che verrà prodotta in piccola serie negli stabilimenti Lamborghini di Sant'Agata Bolognese.

Rispetto al prototipo presentato per la prima volta, sempre a Ginevra, nel 1971, le modifiche non sono rilevanti. La carrozzeria conserva la sua linea avveniristica, a cuneo, con l'ampio parabrezza fortemente inclinato. A lato del lunotto posteriore sono state aggiunte due vistose prese d'aria per raffreddamento del motore.

Il potente motore con 12 cilindri a V (60°) di 5 litri con 4 assi a camme in testa, che eroga 440 CV, è disposto longitudinalmente al centro con la scatola del cambio rivolta verso l'avanti per una migliore distribuzione dei pesi.

In ordine di marcia la vettura pesa 1086 kg, e con due persone a bordo si ha praticamente una eguale distribuzione sui due assi. La velocità massima dichiarata dal costruttore è di 300 km/h. Il prezzo di vendita non è stato ancora reso noto, ma si suppone vicino a 18.000.000 di lire.

LA LP 400

singolo con due spazzole di lunghezza differenziata e movimento a pantografo. Definita prototipo di sviluppo, questa unità avrà numero di telaio 1120001, sarà la prima Countach della storia – la sola con numerazione dispari del telaio – e verrà impiegata anche per le foto del dépliant ufficiale. A settembre la #001 viene inviata a Raniero, noto artigiano di Orbassano, per conformare su di essa il cosiddetto "modellone", ovvero la maquette di legno d'olmo in scala reale sulla quale, sotto la supervisione di Giancarlo Guerra, saranno approntate le strutture di produzione. Il 22 ottobre 1973 il modellone finito viene inviato a Sant'Agata per dare inizio alla realizzazione delle dime di costruzione.

Nei mesi successivi, a poca distanza dall'avvio della produzione del modello, vengono modificati i vetri laterali, dividendoli in due metà orizzontali e aggiungendo un deflettore fisso. Solo la sezione inferiore del finestrino ha movimento discendente, peraltro con una corsa di scorrimento limitata a pochi centimetri. La variazione si rende necessaria per risolvere i problemi

In alto, il V12 Lamborghini con il comando della distribuzione a catena e il cambio posizionato anteriormente.
Sopra, lo schema della trasmissione del moto dal cambio alle ruote posteriori.

Top, the Lamborghini V12 with the chain-driven valvegear and the front-located gearbox. Above, a diagram of the transmission of torque from the gearbox to the rear wheels.

not to apply for homologation on the North American markets, which was instead held by the other models in the Lamborghini range.

Returning to Sant'Agata from Geneva, the prototype was to be painted green and receive a pair of additional front lights together with a single-arm windscreen wiper with two different length brushes and a pantograph mechanism. Referred to as a development prototype, this car was to have chassis number 1120001 and was to be the first Countach in history – the only one with odd chassis numbering – and was also to be used for the photos in the official brochure. In September, #001 was sent to Raniero, a well-known craftsman from Orbassano, to produce the so-called *modellone*, that is, the full-scale elm wood maquette that was to be used, under the supervision of Giancarlo Guerra, to prepare the production tooling. On 22 October 1973, the finished maquette was sent to Sant'Agata to start work on the jigs.

Over the following months, shortly before the actual

di fragilità emersi soprattutto in caso di forte chiusura delle portiere. Azioni minori riguardano l'adozione di specchi retrovisori esterni – non ancora resi obbligatori dal Codice della Strada – Vitaloni modello Sebring, piccoli e di forma bombata, la colorazione nera della fascia sul musetto e delle prese Naca laterali, la presenza sulle fiancate di una piccola targhetta con la scritta "disegno Bertone" (in luogo del precedente stemma della carrozzeria torinese), un differente rivestimento dei sedili nonché la soppressione del vano portaoggetti interno ricavato nel brancardo destro.

Nella primavera del 1974 la Countach così definitiva – siglata LP 400 – viene esposta al Salone di Ginevra in un esemplare di colore giallo che stabilisce un'unione concettuale con il prototipo mostrato nel 1971. Al Salone svizzero si raccolgono cinquanta promettenti ordini, un quantitativo sufficiente ad impegnare la fabbrica per un intero anno di lavoro.

Accomodandosi all'interno della LP 400, si viene accolti da una plancia foderata in materiale scamosciato –

start of production of the model, the side windows were modified, being divided into two horizontal halves with the addition of fixed quarterlight. Only the lower section of the window had a downward movement, however with the movement restricted to a few centimetres. The modification was required to resolve the fragility issues that had emerged, especially when the doors were slammed shut. Further minor changes included the adoption of small, rounded Vitaloni Sebring model wing mirrors, which were not yet compulsory under the Highway Code, the black finish to the nose panel and the Naca ducts on the flanks, the presence of a small plaque on the flanks bearing the 'disegno Bertone' inscription (in place of the previous coachbuilder's emblem), a different seat covering and the elimination of the internal glove compartment in the right-hand sill.

In the spring of 1974, a yellow example of the definitive Countach – known as the LP 400 – was exhibited at the Geneva Motor Show, establishing a conceptual

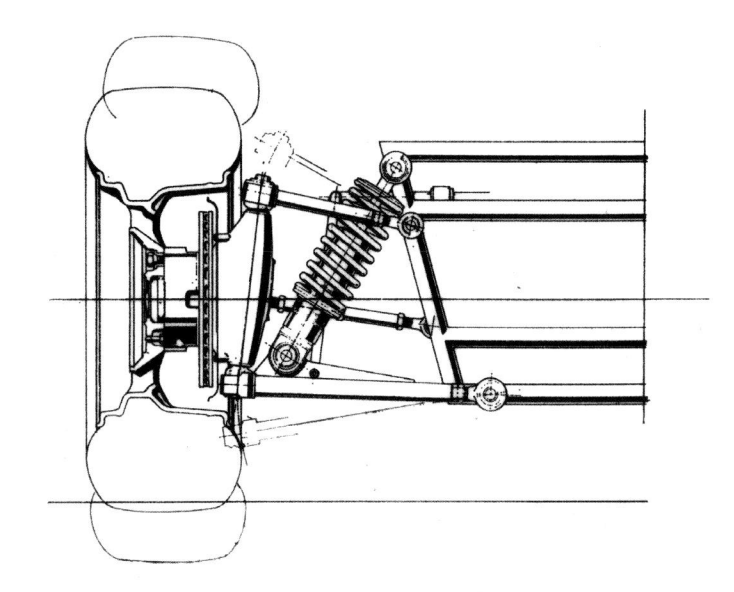

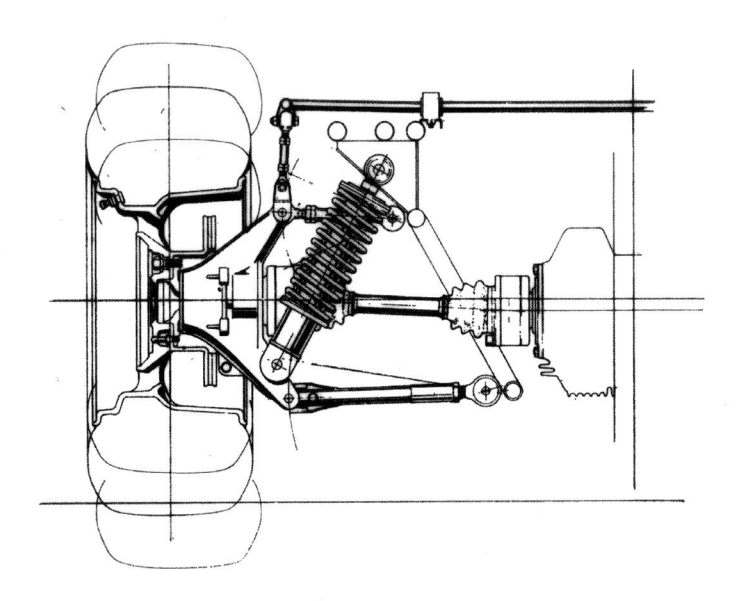

Vista in sezione delle sospensioni anteriore (in alto) e posteriore (sopra) della Countach.

Sectional view of the front (top) and rear (above) suspension of the Countach.

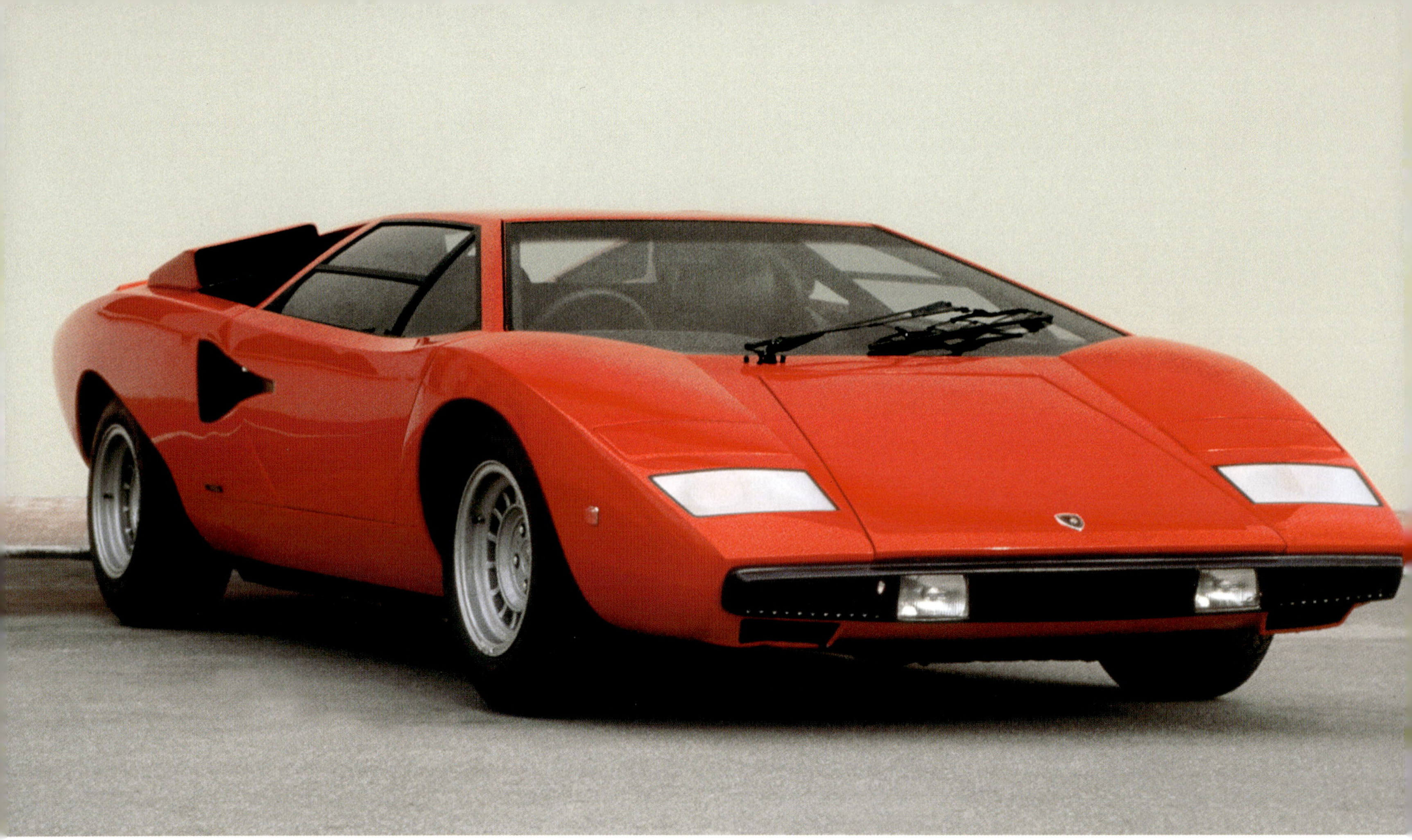

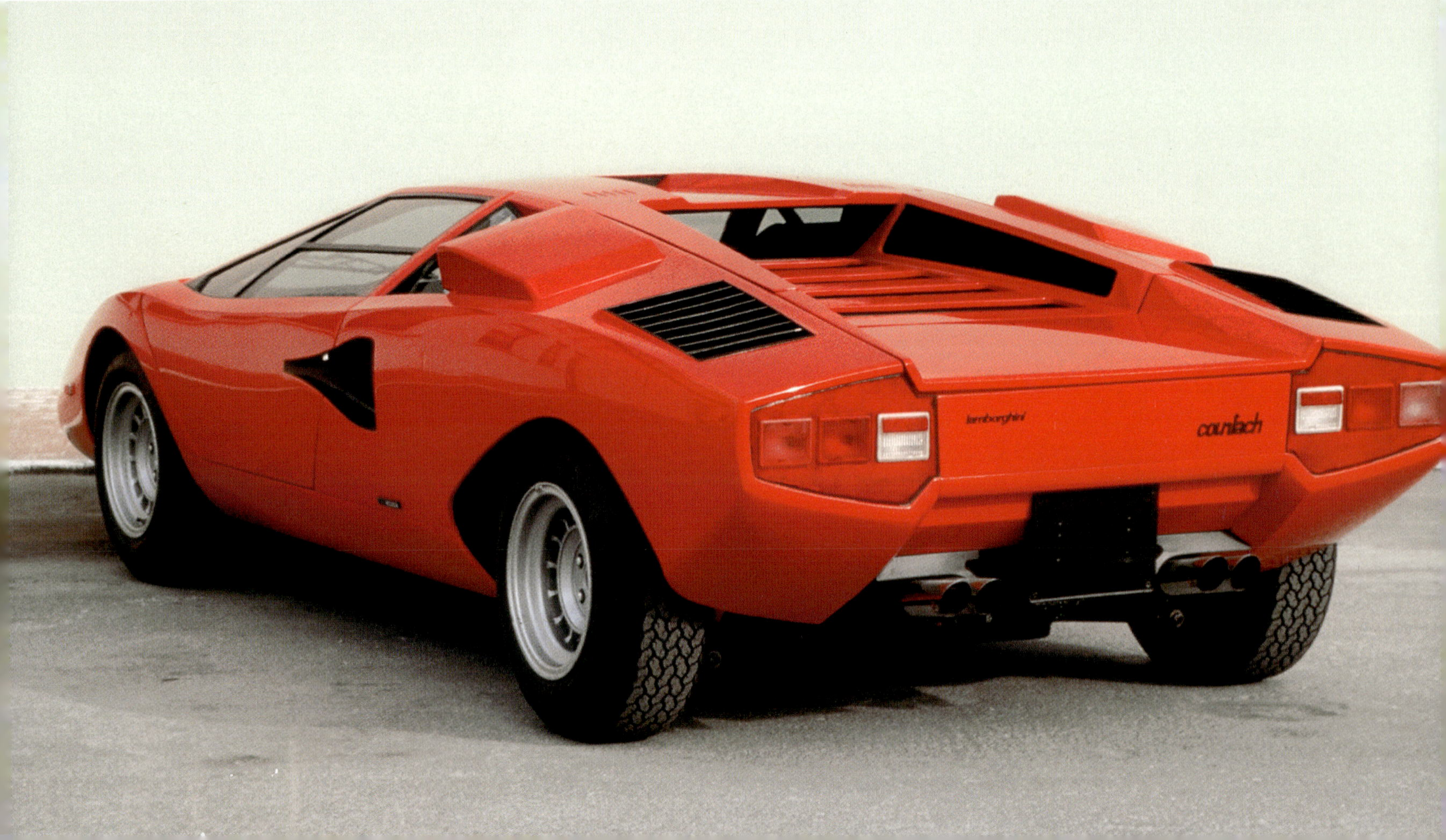
lamborghini
countach

THE LP 400

Nella prima serie della Countach, la LP 400, furono 21 gli esemplari approntati con volante a destra.

In the first series of the Countach, the LP 400, 21 examples were built with right-hand drive.

un accorgimento volto a limitare i riflessi sul parabrezza – ma di andamento angolato e fattura poco ricercata. Del resto i tre anni trascorsi dalla presentazione del primo prototipo impongono alla Lamborghini di soprassedere sulla cura di alcuni elementi per evitare di accumulare ulteriori ritardi.
La strumentazione è costituita da un complesso di ben otto strumenti di fabbricazione Stewart Warner inseriti in un pannello satinato: voltmetro, amperometro, pressione olio, temperatura liquido radiatore, livello carburante, termometro lubrificante; e poi tachimetro e contagiri di diametro maggiorato e fondo scala rispettivamente di 320 km/h e 9000 giri. Ad eccezione della sottile tacca rossa posizionata a quota 7500 nel contagiri, nessuno degli altri indicatori dispone di un

link with the prototype shown in 1971. Fifty promising orders were taken at the Swiss show, enough to keep the factory busy for a whole year.
Settling into the interior of the LP 400, one was greeted by a dashboard lined in a suede-like material – designed to restrict windscreen reflections – but with angular styling and rather unsophisticated workmanship. After all, the three years that had elapsed since the presentation of the first prototype forced Lamborghini to neglect certain fine details in order to avoid further delays.
The instrumentation consisted of a set of no less than eight Stewart Warner-made instruments set in a satin-finished panel: voltmeter, ammeter, engine oil pressure, radiator fluid temperature, fuel lev-

LA LP 400

Una vista con portiere e cofani aperti per la Countach numero 1. Essa è, di fatto, il secondo prototipo del modello a cui, dopo l'esposizione a Ginevra nel 1973, venne cambiato colore da rosso a verde e apportate piccole modifiche. Sulle foto di quest'auto si baserà la prima brochure commerciale della Countach

A view of the first production Countach with doors and bonnets open. This was actually the second prototype to which, following is display at the Geneva Motor Show in 1973, minor modifications were made and it was resprayed in green. Photos of this car were used as the basis for the Countach's first sales brochure.

THE LP 400

SUPERCARS   LAMBORGHINI **COUNTACH** | **83**

A sinistra, dall'alto in basso: il 12 cilindri disposto longitudinalmente nel vano motore; la ruota di scorta sistemata sotto il cofano anteriore insieme alle trombe del clacson e alla presa per l'ingresso d'aria in vettura; l'abitacolo con l'inusuale rivestimento
in rilievo dei sedili.
A destra, in alto, la plancia della Countach #001 con la ricca strumentazione analogica e le spie al centro della plancia;
in basso, una vista laterale della macchina.

Left, from top to bottom: The 12-cylinder engine set longitudinally in the engine bay; the spare wheel located beneath the front bonnet together with the horns and the cabin air intake; the cockpit with the unusual padded seat upholstery. Right, top, the dashboard of Countach #001 with the extensive analogue instrumentation and warning lights in the centre; bottom, a side view of the car.

THE LP 400

SUPERCARS   LAMBORGHINI COUNTACH | 85

LA LP 400

86 | LAMBORGHINI COUNTACH

SUPERCARS

THE LP 400

Vista di tre quarti anteriore della prima Countach della storia. Con la verniciatura in verde della carrozzeria anche la fascia sul musetto cambiò colore, passando da nera a grigia.

A front threequarters view of the first production Countach. With the respray of the bodywork in green, the nose panel colour was also changed from black to grey.

LA LP 400

A sinistra e nella pagina a fianco: foto ufficiali della Countach in versione definitiva, scattate all'aeroporto di Bologna. La modifica più evidente rispetto alla #001 è il finestrino laterale in tre pezzi.

Left and on the facing page: official photos of the Countach in definitive form taken at Bologna airport. The most evident difference with respect to #001 was the three-piece side window.

settore colorato o di una spia per segnalare l'approssimarsi di anomali valori di funzionamento. I rullini del contachilometri sono curiosamente disposti in verticale e comprendono – su fondo bianco – anche la cifra per gli ettometri. Mancano il contachilometri parziale e l'orologio, assenze poco tollerabili per il prezzo e le aspettative da parte della clientela e ancor meno comprensibili considerando che la precedente Miura ne era dotata. Va comunque considerato che le auto supersportive del tempo erano concepite alla stregua di vetture destinate a guidatori interessati solo alle prestazioni e che percepivano gli accessori per la comodità di bordo come elementi di rilassatezza del tutto inconciliabili con caratteristiche dinamiche improntante alla purezza delle emozioni di guida.

A sinistra del piantone di sterzo, in posizione scarsamente visibile, sono disposte le spie per liquido freni, luci di posizione, proiettori abbaglianti, carica della batteria, luci di direzione, lampeggio d'emergenza, freno di stazionamento (lampeggiante). Anch'esse sono di finitura approssimativa e nessuna riporta – al

el, lubricant temperature gauges and then larger speedometer and rev counter dials with a full scale reading up to 320 kph and 9000 rpm respectively. With the exception of the slim red line positioned at 7500 on the rev counter, none of the other gauges have coloured sectors or warning lights to signal the approach of abnormal operating values. Curiously, the odometer rollers are aligned vertically and also include – on a white background – one for tenths of a kilometre. Neither a trip meter nor a clock was fitted, hardly what customers would expect on a car of this price and even less understandable considering that the previous Miura was equipped with both accessories. It should be taken into consideration, however, that the supercars of the time were conceived as vehicles intended for drivers interested in performance alone, and that they saw on-board creature comforts as elements wholly irreconcilable with the dynamism demanded by the purity of driving emotions.

Somewhat hidden to the left of the steering column were the warning lights for brake fluid, sidelights,

di là di quella dell'*hazard* – un simbolo o una scritta per identificarne rapidamente la funzione. Dall'altra parte della colonna di sterzo vi sono due cursori per temperatura e deviazione del flusso d'aria nell'abitacolo. Lo sportello del cassetto portaoggetti davanti al passeggero, anch'esso di forma spigolosa, è rifinito con il medesimo tessuto della plancia e dispone di chiusura a chiave.

Il volante regolabile in altezza e profondità tramite lo sblocco di una leva a destra del piantone ha tre razze brunite e corona di pelle, con il piantone rivestito da un elemento a soffietto. Due modeste maniglie alzavetri provvedono al movimento dei finestrini laterali, e di aspetto altrettanto economico sono le tre bocchette circolari demandate al disappannamento del parabrezza. La leva per il freno di stazionamento si trova a sinistra, in un inserto ricavato nel voluminoso brancardo. Sul pavimento, davanti al sedile destro, è collocato un robusto poggiapiedi per il passeggero.

Il devioluci ha un'impostazione differente dallo standard tipicamente adottato dall'industria automobili-

main beam headlamps, battery charge, direction indicators, emergency indicators, and parking brake (flashing). They too were shoddily finished and none, apart from the hazard warning light, had a symbol or inscription to quickly identify their function. On the other side of the steering column were two sliders for temperature and air direction in the cockpit. The glovebox door in front of the passenger, which is also angular in shape, was finished in the same fabric as the dashboard and had a key lock.

The steering wheel was height- and depth-adjustable by unlocking a lever to the right of the column and had three burnished spokes and a leather rim, with the column covered by a bellows element. Two modest winders opened the side windows, while the three circular vents responsible for demisting the windscreen were equally unassuming. The handbrake lever was installed on the left, set into the broad sill. On the floor, in front of the right-hand seat, was a sturdy footrest for the passenger.

The switchgear for the lights differed from the stand-

LA LP 400

stica italiana del tempo. Dispone di due sole levette anziché tre e il comando del clacson è cosiddetto "alla francese" ovvero con il pulsante sulla levetta sinistra da premere verso la colonna di sterzo. Inoltre l'intermittenza del tergicristallo si attiva portando verso l'alto (anziché in basso, come di consueto) la levetta di destra. I fari anteriori possono essere estratti manualmente dai propri alloggiamenti in caso di malfunzionamento del sistema di sollevamento.

L'ingombrante tunnel fra i sedili si congiunge alla plancia in un mobiletto dotato di quattro bocchette circolari per la diffusione dell'aria all'interno, dei pomelli

ard typically adopted by the Italian automotive industry of the time. It had only two levers instead of three while the horn control was of the so-called 'French style', with the button on the left lever to be pressed towards the steering column. In addition, the intermittent windscreen wiping was activated by moving the right-hand lever up (instead of down, as usual). The front headlamps could be manually extracted from their housings in the event of a malfunction of the lifting system.

The bulky tunnel between the seats met the dashboard with a console equipped with four circular air

Sotto, altre immagini promozionali che confluiranno nel secondo dépliant distribuito alle concessionarie.
Nella pagina a fianco, l'interno con le fodere dei sedili di fattura più consueta.

Below, further promotional photos that were used in the second brochure sent out to the dealers. On the facing page, the interior with the more conventional seat upholstery.

per la regolazione del condizionatore con relative spie di funzionamento e degli interruttori per luci esterne, lampeggio d'emergenza, ventilatore interno. Appena più arretrata, la leva del cambio con griglia a settori brunita per guidare agevolmente l'inserimento delle marce e levetta per impedire l'innesto accidentale della retromarcia.

Più indietro il posacenere, inscritto in una cornice cromata. Tra i due sedili è inserita una piccola plafoniera. Nella zona posteriore dell'abitacolo, sopra il piccolo lunotto, sono ricavate due griglie per l'estrazione dell'aria. Ogni pannello-porta ha un ampio incavo con la dop-

vents for the distribution of the air, knobs for adjusting the air conditioner with its operating lights and switches for exterior lights, hazard flashers and the interior fan. Slightly further back was the gear lever with a burnished open gate for easy gear shifting and a lever to prevent accidental reverse engagement.

Further back was the ashtray, set in a chrome frame. A small overhead light was located between the two seats. At the rear of the passenger compartment, above the small rear screen, were two air extraction grilles.

Each door-panel had a large recess with the dual

LA LP 400

lamborghini.....nel futuro col futuro.

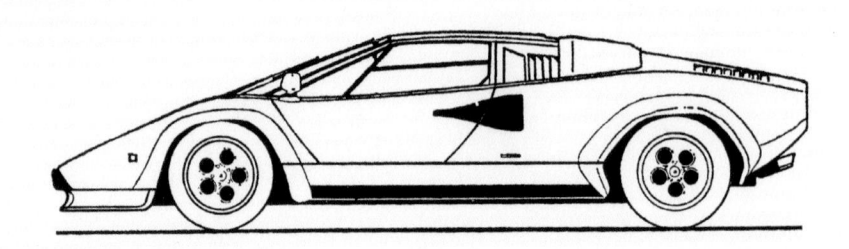

pia funzione di portaoggetti e appiglio per la chiusura delle portiere dall'interno. La maniglia per lo sblocco delle porte si trova nella parte superiore di questa rientranza, nascosta alla vista.

Il motore, sigla L 406, è dunque la già nota unità Lamborghini di 3,9 litri di cilindrata. La potenza raggiunge i 375 CV a 8000 giri al minuto, la coppia ha il picco massimo a 36,8 kgm a 5500 giri. L'alimentazione è affidata a sei carburatori doppio corpo Weber 45 DCOE. Scendendo più a fondo nei dettagli tecnici, teste e blocco cilindri sono in lega leggera, l'albero a gomiti ruota su sette supporti di banco, il comando della distribuzione è a catena e le valvole sono inclinate fra loro di 70 gradi. Diametro e alzata delle valvole sono di 42 e 9,5 millimetri per l'aspirazione; 38,5 e 8,4 per lo scarico. Ogni valvola è richiamata in sede da una coppia di molle e dispone di pastiglie calibrate per la regolazione del gioco. L'impianto elettrico si avvale di uno spinterogeno per ogni bancata di cilindri. La trasmissione ha cambio a cinque marce, comando idraulico per la frizione e differenziale autobloccante.

Le sospensioni sono a ruote indipendenti con quadrilateri trasversali, due ammortizzatori per ciascuna

function of a storage compartment and a handle for closing the doors from the inside. The handle for unlocking the doors is located in the upper part of this recess, hidden from view.

The engine, designated as the L 406, was Lamborghini's established 3.9-litre unit producing 375 hp at 8000 rpm, with peak torque of 36.8 kgm at 5500 rpm. Fuel was supplied by six Weber 45 DCOE twin-choke carburettors. Going deeper into the technical details, the cylinder heads and block were made of light alloy, the crankshaft rotated on seven main bearings, the timing system was chain-driven and the valves were inclined towards each other at an angle of 70 degrees. Valve diameter and lift were 42 and 9.5 millimetres for the intake valves and 38.5 and 8.4 mm on the exhaust side. Each valve was recalled by a pair of springs and had calibrated shims for adjusting play. The electrical system had a distributor for each bank of cylinders. The transmission featured a five-speed gearbox, hydraulic clutch actuation and a self-locking differential.

The suspension was all-independent with double wishbones, twin shock absorbers for each rear wheel

In alto, un cartoncino Lamborghini prefigura la versione S della Countach.
A destra, la plancia della LP 400, con le spie disposte in orizzontale a sinistra del piantone di sterzo.

Top, a Lamborghini car hints at the S version of the Countach. Right, the dashboard of the LP 400, with the warning lights set horizontally to the left of the steering column.

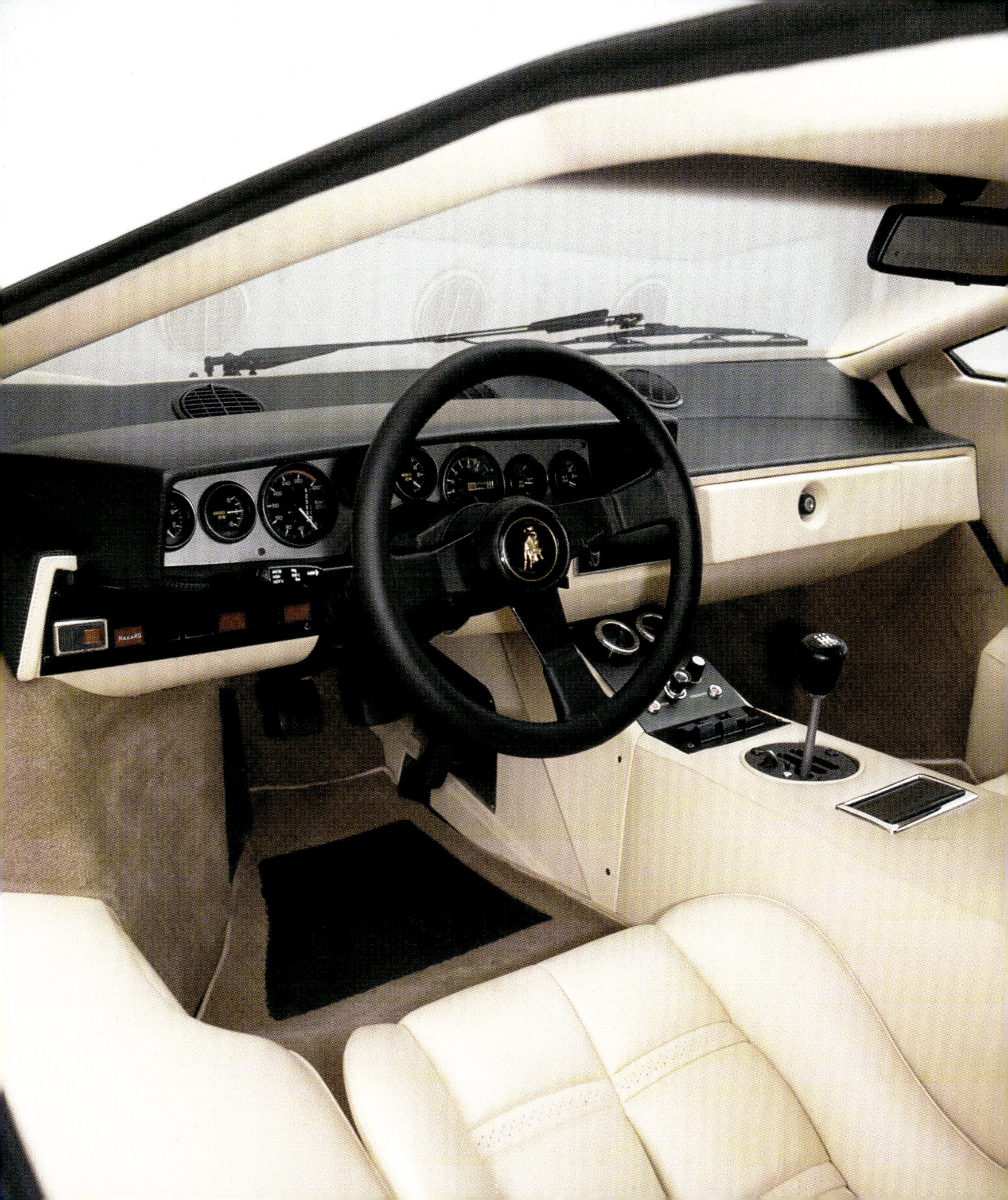

LA LP 400

ruota posteriore e barre stabilizzatrici davanti e dietro. Impianto frenante con dischi autoventilanti, servofreno e regolatore di pressione al retrotreno. Pneumatici anteriori di misura 205/70-14, posteriori 215/70-14. Le dimensioni del corpo vettura sono di 4140 millimetri di lunghezza, 1890 di larghezza, 1070 di altezza, 2450 di passo. Due i serbatoi del carburante, per una capacità totale di 120 litri di benzina. Peso dichiarato in 1200 chilogrammi, volume del bagagliaio di 240 litri.

Al momento della consegna della macchina, il proprietario della Countach riceve due chiavi in doppia copia; una per l'avviamento del motore, l'altra per le portiere. Gli utenti italiani hanno a disposizione un libretto di istruzioni che comprende le lingue inglese e francese. Del corredo di bordo fa parte anche un nutrito set di attrezzi e lampadine di ricambio. Il primo appuntamento presso l'assistenza ufficiale della Casa prevede la sostituzione dell'olio motore al raggiungimento dei 500 chilometri di percorrenza, un'operazione che dovrà essere periodicamente ripetuta ad intervalli di 5000 chilometri.

Giunti a Sant'Agata, i telai della Countach ricevono gli elementi in vetroresina di sostegno alla cellula abitativa. In Lamborghini non c'è alcuna catena di montaggio e il procedimento costruttivo si basa su carrelli spinti a mano lungo un percorso a ferro di cavallo nella sequenza ordinata dei vari passaggi di produzione. Si comincia con l'applicazione dei pannelli della carrozzeria al telaio, un'operazione spesso rifinita a mano da esperti operai altamente specializzati, a cui seguono le fasi di montaggio di fanali, griglie, materiali isolanti, vetri, propulsore, arredo interno. L'applicazione delle portiere necessita di numerose e precise regolazioni per garantire una chiusura perfetta e la tenuta a spifferi e infiltrazioni.

Per la colorazione della fascia frontale della LP 400 si tornò al nero visto con il prototipo rosso presentato a Ginevra nel 1973.

The colour of the nose panel of the LP 400 went back to the black seen on the red prototype presented at Geneva in 1973.

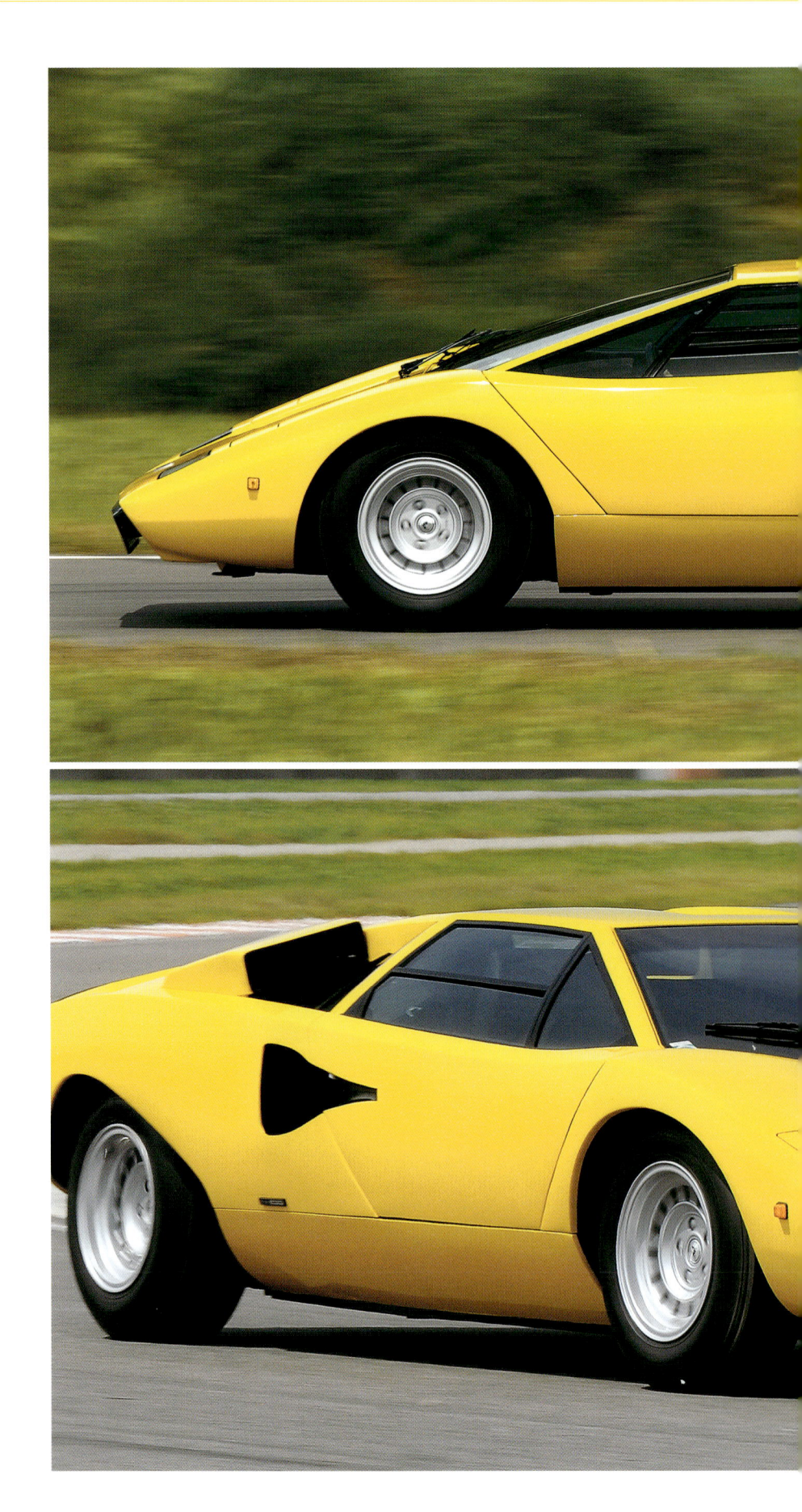

and anti-roll bars front and rear. The braking system boasted self-ventilating discs, and a servo with a pressure regulator at the rear. Tyres: front 205/70-14, rear 215/70-14. Body dimensions: length 4140 millimetres, width 1890 mm, height 1070 mm, wheelbase 2450 mm. The two fuel tanks had a total capacity of 120 litres. The car gad a declared weight of 1200 kilograms and a boot volume of 240 litres.

On delivery of the car, the owner of the Countach received two pairs of keys; one for starting the engine, the other for the doors. Italian users were provided with an instruction booklet that also included English and French translations. Standard equipment also included an extensive tool set with spare bulbs. The first appointment at the company's official service centre involved changing the engine oil when the car had covered 500 kilometres, an operation that was then to be repeated periodically at intervals of 5,000 kilometres.

Once at Sant'Agata, the chassis of the Countach received the fibreglass elements of the cabin. At Lamborghini there was no assembly line and the construction process involved trolleys being pushed by hand along a horseshoe-shaped path in the orderly sequence of the various production phases. It began with the application of the body panels to the chassis, an operation that was often finished by hand by highly skilled workers, followed by the assembly stages for the headlights, grilles, insulating materials, glazing, engine and interior fittings. The fitting of the doors required numerous precise adjustments to be made to ensure perfect closure and draught- and water-tightness.

Every completed engine was turned over electrically for two hours, then started up and gradually subjected to ever-increasing crank speeds over a period of about three hours. At the end of this process, oil and spark plugs were changed and a summary sheet was

LA LP 400

Ogni unità motrice completata viene rodata elettricamente per due ore, successivamente messa in moto e via via sottoposta a regimi sempre crescenti per un arco di tempo di circa tre ore. Alla fine si procede alla sostituzione di olio e candele e alla compilazione di una scheda riassuntiva. In caso di anomalie, il V12 torna in linea di montaggio per gli interventi correttivi. Anche cambio e differenziale (autobloccante) vengono testati singolarmente al banco. La macchina finita esce poi in strada su un percorso di collaudo dove si testa la funzionalità di freni e sospensioni e si effettuano le eventuali operazioni correttive.

Fu Paolo Stanzani a insistere perché l'auto – motore e cambio compresi – venisse costruita e verniciata pressoché per intero a Sant'Agata. Si era all'inizio della crisi petrolifera e la decisione scaturì per l'esigenza di contenere i costi e – elemento di profondo riflesso etico – di garantire lavoro al personale aziendale se la domanda del nuovo modello fosse stata inferiore alle aspettative. D'altra parte non si poteva dimenticare come la Lam-

completed. In the event of problems, the engine was returned to the assembly line for corrective work. The gearbox and self-locking differential were also tested individually on the dyno. The finished car would then be taken out on the road along a test route where the functionality of the brakes and suspension would be tested and any necessary corrective work would then be carried out.

It was Paolo Stanzani who insisted that the car – engine and gearbox included – be built and painted almost entirely at Sant'Agata. It was at the beginning of the oil crisis and the decision came about because of the need to contain costs and thereby – an element of profound ethical reflection – protect the jobs of the company staff if demand for the new model fell short of expectations. It should not be forgotten that Lamborghini was a small, young company with no support from racing. This is why the person hired specifically for the Countach project was none other than Giancarlo Guerra, who paid attention to prop-

In alto, la LP 400 ripresa da dietro e, a destra, dettaglio del gruppo ottico anteriore.

Top, the LP 400 seen from behind and, right, a close-up of the front lighting cluster.

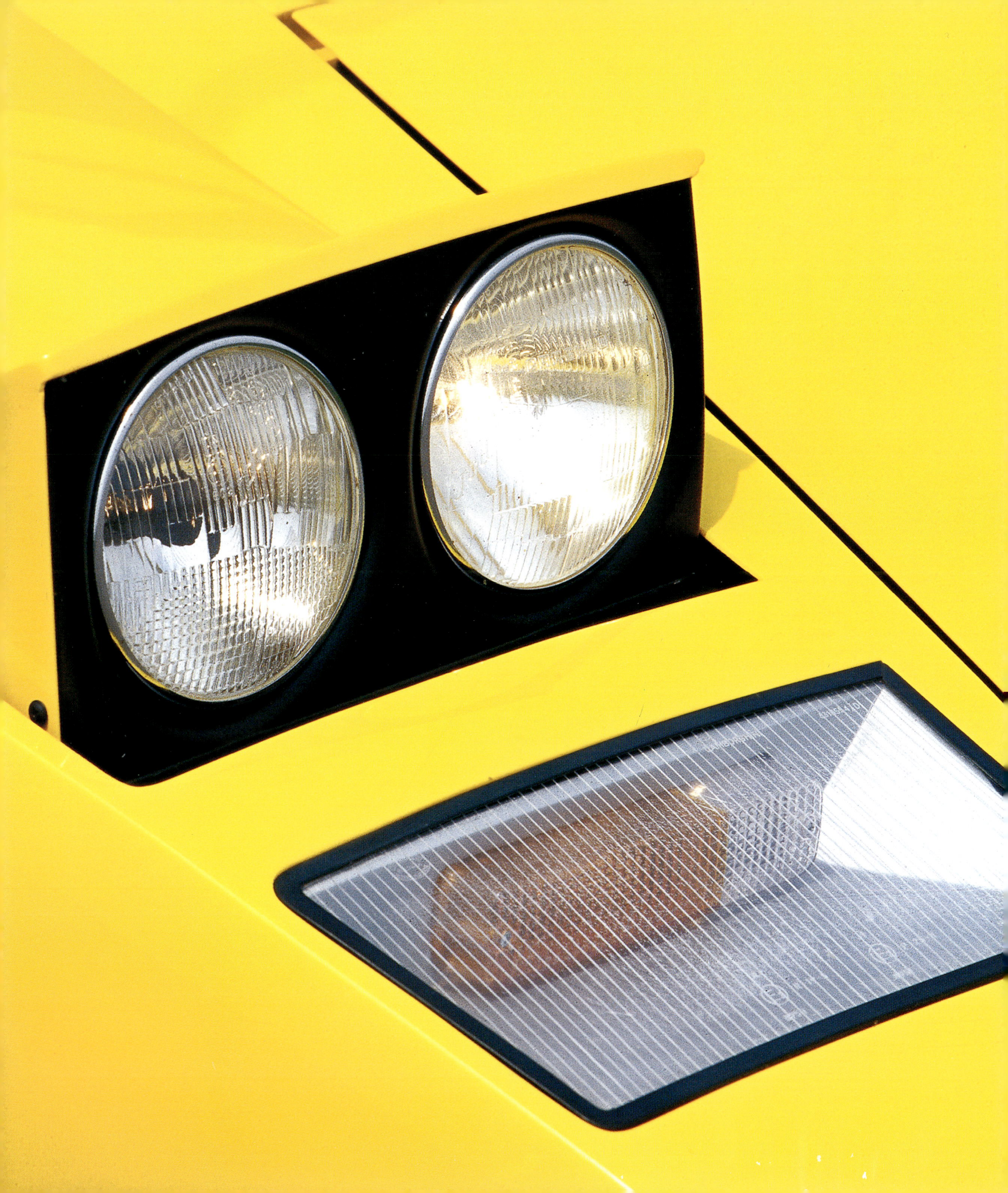

LA LP 400

borghini fosse una Casa piccola, giovane e senza alcun apporto di sostegno proveniente da un'attività agonistica. Ecco perché la persona assunta specificatamente per il progetto Countach fu solamente Giancarlo Guerra, il quale si occupò di formare adeguatamente la manodopera già presente in Lamborghini, persone orientate a riconoscere con orgoglio la propria parte di lavoro nel complesso della realizzazione. Queste scelte si riveleranno vitali per il futuro della Casa emiliana.

Risolti alcuni problemi legati alla fornitura di specifici componenti, la produzione della macchina ha inizio e il primo esemplare di Countach LP 400 a lasciare la linea di assemblaggio dello stabilimento bolognese è il numero di telaio 1120002, di colore giallo e assegnato ad un cliente milanese.

Il catalogo dei colori della carrozzeria si compone di Arancio, Argento, Bianco, Blue metallizzato, Blue Tahiti, Giallo Fly, Luci del Bosco, Marrone, Nero, Oro, Rosso, Verde Medio, Verde metallizzato, Verde Rio. Su specifica richiesta del cliente si possono avere tinte personalizzate.

---

erly training the workforce already present at Lamborghini, people who were proud to recognize their part in the overall project. These choices would prove vital for the future of the Emilian company.

Having solved several problems with the supply of specific components, production of the car could get underway and the first Countach LP 400 to leave the assembly line at the Bologna plant was chassis No. 1120002, finished in yellow and assigned to a customer in Milan.

The body colour catalogue consisted of Orange, Silver, White, Metallic Blue, Blue Tahiti, Yellow Fly, Light Forest, Brown, Black, Gold, Red, Medium Green, Metallic Green, Rio Green. Custom colours were available at the customer's specific request.

Although the complicated rear visibility system had been dispensed with, the roof of the Countach retained the original slit leading into the small window, a detail that was to lead enthusiasts to identify the LP 400 with the nickname "Periscope". Another distinc-

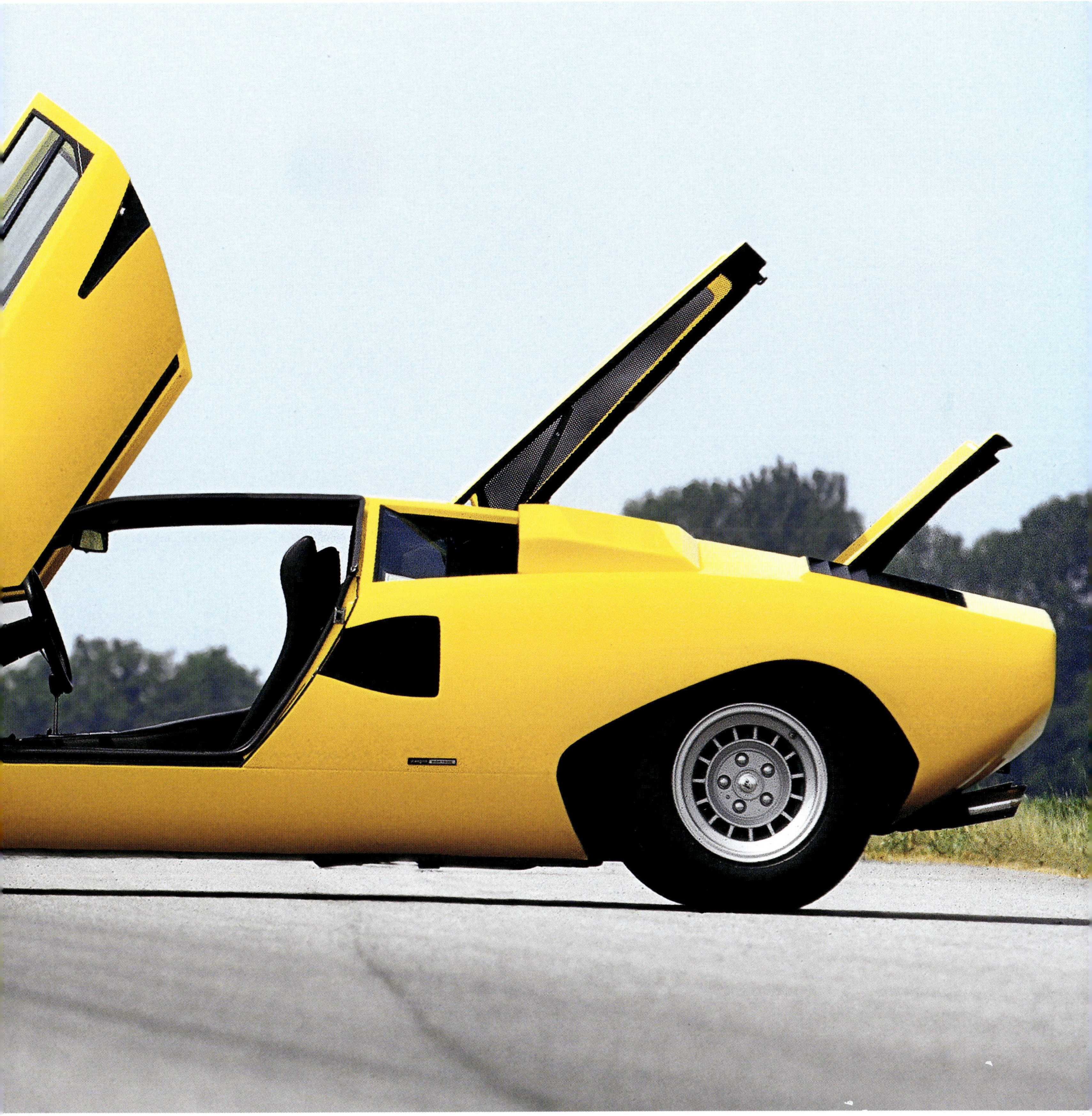

LA LP 400

L'abitacolo della Countach è piuttosto essenziale.
Alla pagina a fianco, dettagli di comandi secondari e spie di servizio.

*The Countach cockpit was fairly simple.
On the facing page, details of the secondary controls and warning lights.*

Sebbene si rinunci al complicato sistema inizialmente concepito per la visibilità posteriore, sul tetto della Countach rimane conformato lo scanso originario confluente nel piccolo vetrino, un particolare che fra gli appassionati porterà a individuare la LP 400 con il soprannome di "Periscopio". Elemento distintivo del tetto saranno anche le piccole feritoie (di numero non sempre uguale nei primi esemplari prodotti) per l'estrazione dell'aria viziata dall'interno vettura.

La Countach è un'auto destinata a pochi. Al di là dell'impegnativo prezzo di listino a ridosso dei venti milioni di lire (l'equivalente di una decina di Alfa Romeo Alfasud o una ventina di Fiat 500), è l'insieme delle sue caratteristiche a renderla un oggetto destinato a una limitatissima fascia di clientela. Già accomodarsi a bordo della Countach richiede buone dosi di flessibilità fisica per via delle particolari portiere, le quali necessitano peraltro di estrema attenzione nelle soste in pendenza, dove possono dare luogo a pericolosi effetti ghigliottina o a difficoltà di sollevamento.

A causa del rilevante ingombro di brancardi e tunnel centrale, l'abitacolo della LP 400 risulta piccolo. Una volta chiusi all'interno si avverte quasi un senso di schiacciamento per via del tetto ravvicinato, dei montanti del parabrezza fortemente inclinati e della vicinanza della testa alla parte superiore delle portiere. Sembra quasi di stare su un'auto da corsa. La particolare conformazione dei sedili, realizzati praticamente in un pezzo unico, impone poi, per via di un sistema basculante, che la regolazione dell'inclinazione dello schienale coinvolga simultaneamente anche quella del cuscino di seduta, una soluzione scomoda e che non sempre permette di trovare la postura di guida più adatta. I pedali sono ravvicinati fra loro e occorre premerli con attenzione per non commettere errori durante la guida. Difficile trovare una sistemazione gradevole per le persone di alta statura anche per il volante sempre piuttosto verticale e vicino alle ginocchia del pilota. La guida in ambienti urbani è problematica per la rilevante larghezza e per l'impossibilità di vedere il muso della vettura. La ridotta altezza da terra può essere causa di spiacevoli contatti con marciapiedi e asperità stradali. Nonostante il sistema di aria condizionata, il calore del V12 – complici anche i piccoli finestrini – giunge nell'abitacolo insieme al fragore del propulsore. Lo scarso smorzamento attuato dalle so-

tive element of the roof were the small slots (not always the same number in the earliest examples to be produced) for extracting stale air from inside the car.

The Countach was a car destined for the few. Apart from the challenging list price of close to twenty million Lire (the equivalent of a dozen Alfa Romeo Alfasuds or twenty Fiat 500s), its very specific combination of qualities made it an object destined for a very limited range of customers. Even just getting into in the Countach required a good deal of physical flexibility thanks to the unusual doors, which also required extreme care when stopping on slopes, where they could give rise to dangerous guillotine effects or be difficult to lift.

Due to the considerable bulk of the sills and the central tunnel, the LP 400's passenger compartment was small. Once inside, the low roof, the steeply raked windscreen pillars and the proximity of your head to the top of the doors could induce a feeling of claustrophobia. It was very like being in a racing car. The unusual shape of the seats, virtually made in one piece, also required, via a tilting mechanism, that adjustment of the backrest inclination simultaneously involved that of the seat cushion, an uncomfortable system and one that did not always allow the most suitable driving position to be found. The pedals were also close together and had to be pressed carefully to avoid driving mistakes. It was particularly difficult to find a comfortable seating position for tall people as the steering wheel was always rather upright and close to the driver's knees. Driving in town was problematic due to the car's considerable width and the impossibility of seeing its nose. The low ground clearance could easily lead to grounding on kerbs and bumps in the road. Despite the air-conditioning system, the heat of the V12 – exacerbated by the small windows – reached the passenger compartment along with the inevitable mechanical noise. The poor damping provided by the suspension and the thin padding of the seats were indicative of how little the Countach had been compromised by the demands of on-board comfort. There was essentially no visibility to the rear, boot capacity was minimal and it too was a victim of the

spensioni e la ridotta imbottitura dei sedili danno idea di come per la Countach si sia ben poco negoziato con i requisiti del comfort di bordo. Sostanzialmente nulla la visibilità posteriore e minimo è il volume del bagagliaio, peraltro anch'esso vittima delle alte temperature sprigionate dal motore. Sebbene siano impiegati buoni materiali, la fattura artigianale della macchina – comunque molto gradita dal tipico cliente della Countach – si riflette anche in scricchiolii degli arredi interni.

Tuttavia la grande carica carismatica permette alla LP 400 di rimanere contemporaneamente un'auto capace di suscitare grandi soddisfazioni e di relegare i difetti sullo sfondo.

Sterzo e cambio della Countach sono duri da azionare ma esprimono una perfetta armonia se manovrati in sapiente accordo al motore e alle caratteristiche della strada. La LP 400 è ben attaccata all'asfalto e infonde un globale senso di sicurezza, in grado di rendere difficilmente percepibile la velocità effettiva. La frenata, pur se a prezzo

high temperatures emitted by the engine. Although high quality materials had been employed, the craft approach to production of the car – which was actually much appreciated by the typical Countach clientele – was reflected in squeaks and rattles from the interior components.

Nonetheless, the car's immense charisma allowed the LP 400 to be capable of providing great satisfaction while relegating flaws to the background. The Countach's steering wheel and gearbox are heavy but expressed perfect harmony when employed skillfully together with the engine and the characteristics of the road. The LP 400 gripped the tarmac hard and instilled an overall sense of confidence that made the actual speed hardly noticeable. Braking, albeit requiring decisive intervention on the pedal, was superlative. Care had to be taken, however: the car's maximum performance could only be exploited by experienced drivers. Anyone without adequate

Anche nella vista frontale, la Countach mette in risalto le due orecchie per l'ingresso di aria al motore. Nella vista posteriore spiccano lo specchio di coda piatto e verticale e il minuscolo lunotto.

In the front view too, the Countach was distinguished by the two large ears channelling air to the engine. The rear view instead shows the flat and vertical tail panel and the minuscule rear screen.

di un intervento deciso sul pedale di comando, è superlativa. Occorre però attenzione: le massime prestazioni della macchina sono avvicinabili solo da piloti esperti. Un conducente impreparato potrebbe faticare parecchio a mantenere il controllo della Countach. Il sovrasterzo di potenza, specie su fondi viscidi, può manifestarsi con improvvisa rapidità e in certi casi rivelarsi pericoloso. Benché fossero quanto di tecnologicamente più avanzato nel mercato della componentistica dell'epoca, freni e pneumatici si dimostrano appena sufficienti a gestire le ragguardevoli prestazioni della Countach. Insomma, serve una guida attenta e priva di facili confidenze.

Provata nel febbraio 1976 dalla rivista americana *Road & Track*, la Countach LP 400 raggiunge una velocità massima di 309 km/h e accelera da 0 a 100 km/h in 6,8 secondi; 14,4 secondi occorrono per raggiungere i 400 metri con partenza da fermo. Lo spazio di frenata da 100 km/h è misurato in 42,7 metri.

La produzione della LP 400 termina nel 1978 con un consuntivo di 157 vetture prodotte, poche, ma sufficienti a circoscrivere la Countach in un simbolo di massima distinzione e prestazioni estreme.

preparation might struggle to keep control of the Countach. Power oversteer, especially on slippery surfaces, could cut in without warning and could in certain situations prove dangerous. Although they were the most technologically advanced components on the market at the time, the brakes and tyres proved barely sufficient to handle the Countach's considerable performance. In short, a careful driving style and complete concentration was required.

Tested in February 1976 by the American magazine *Road & Track*, the Countach LP 400 reached a top speed of 309 kph and accelerated from 0 to 100 kph in 6.8 seconds; 14.4 seconds were required to cover 400 metres from a standing start. The braking distance from 100 kph was measured in 42.7 metres.

Production of the LP 400 ended in 1978 with a total of 157 cars having left the factory, few in number, but sufficient to establish the Countach as a symbol of the utmost distinction and extreme performance.

LA COUNTACH S
THE COUNTACH S

Il primo step evolutivo della Countach porta la firma di Giampaolo Dallara. Dopo aver lasciato la Lamborghini e condotto una breve esperienza in De Tomaso, Dallara fonda nel 1972 la propria azienda per la costruzione di auto da corsa, obiettivo da sempre perseguito dall'ingegnere parmense. È a lui che si rivolge Walter Wolf, facoltoso imprenditore canadese nato in Austria e vissuto in Jugoslavia, attivo nel settore delle estrazioni petrolifere, titolare di una scuderia impegnata in Formula 1 e proprietario di ben tre LP 400. Al tecnico emiliano, Wolf chiede di conferire alle sue Countach un aspetto esteriore di impatto vigoroso e un miglioramento della guidabilità ad alta velocità.

Il lavoro condotto da Dallara su estetica e assetto piace molto in Lamborghini, tanto che a Sant'Agata ne chiedono la consulenza per sviluppare in questo

The first evolutionary development of the Countach bore the signature of Giampaolo Dallara. After having left Lamborghini and following a brief stint at De Tomaso, Dallara founded his own company in 1972 for the construction of racing cars, a goal that had always been pursued by the engineer from Parma. He was approached by Walter Wolf, a wealthy Canadian entrepreneur born in Austria and living in Yugoslavia, active in the oil extraction sector, owner of a racing team involved in Formula 1 and owner of three LP 400s. Wolf asked the Emilian engineer to provide his Countach with a striking exterior appearance and improved high-speed handling.

The work carried out by Dallara on the styling and set-up was well received at Lamborghini, to the extent that the powers that be at Sant'Agata asked Dallara's

senso l'evoluzione della LP 400, accentuando i caratteri muscolosi della macchina, differenziando sempre più la Countach da ogni altra automobile che si possa incontrare in strada. La Lamborghini si è velocemente distinta come un simbolo di eccesso e dunque continuare proprio sulla strada di un'estremizzazione viene visto nell'ottica di un ulteriore rafforzamento dei tratti salienti del marchio.

La zona anteriore della nuova versione che assumerà nome di LP 400 S, viene tonificata dal ridisegnato musetto integrato ad un pronunciato spoiler con quattro bocche rettangolari. Tutto l'insieme è verniciato nel medesimo colore della carrozzeria e l'immagine appare più irruente anche per via delle griglie esaltate dalla finitura satinata delle lamelle orizzontali. L'intera struttura si raccorda magistralmente ai nerboruti passaruota anteriori, capaci di conferire alla macchina un aspetto muscoloso. Le analoghe appendici ai parafanghi posteriori hanno poi l'effetto di mitigare il disegno

advice on developing the evolution of the LP 400 in this direction, accentuating the car's muscular characteristics and continuing to differentiate the Countach from any other car that might be encountered on the road. Lamborghini had quickly distinguished itself as a symbol of excess, and persisting with this approach was seen as further strengthening the brand's core values.

The front section of the new car, which was to take on the name LP 400 S, was revitalised by the redesigned nose integrated with a pronounced spoiler with four rectangular intakes. The whole assembly was finished in the same colour as the bodywork, with the image appearing all the more aggressive thanks to the grilles enhanced by the satin finish of the horizontal slats. The entire structure was skillfully linked to the flared front wheel arches, lending the car a particularly muscular appearance. The similar appendages at the rear also had the effect of mitigating

In alto, la scritta posteriore di identificazione della Countach S. Sopra, i nerboruti archi passaruota e lo spoiler a becco integrato sotto il musetto rendono immediatamente riconoscibile la S.

Top, the rear script identifying the Countach S. Above, the muscular flared wheel arches and the integrated chin spoiler below the nose make the S immediately recognisable.

LA COUNTACH S

smussato dei passaruota precedenti restituendo alla Countach una figura laterale più moderna. Molto ben integranti nella nuova estetica i cerchi ruota, sempre di produzione Campagnolo, con calettamento di 15 pollici e disegno a cinque grandi fori inseriti in rilevanti sporgenze cilindriche. Sono i medesimi visti al Salone di Torino del 1974 sul prototipo Lamborghini Bravo basato su meccanica Urraco.
Si modifica il lamierato del tetto rimuovendo lo scanso sagomato in funzione della precedente idea del retrovisore a periscopio. In questo modo si riducono i costi di costruzione dell'elemento e si eliminano i problemi legati al ristagno d'acqua e all'accentramento di vibrazioni che a lungo andare potevano causare la fessurazione del pannello. La modifica permette in più di aumentare l'altezza interna, a tutto vantaggio dell'abitabilità. Vengono soppresse anche le piccole feritoie di estrazione dell'aria interna.

the chamfered design of the previous wheel arches, giving the Countach a more modern side view. The wheel rims, again made by Campagnolo, with a 15-inch well and a design featuring five large holes in cylindrical protrusions were very well suited to the new aesthetics. These wheels were the same as those seen at the 1974 Turin Motor Show on the Lamborghini Bravo prototype based on Urraco mechanicals.
The roof panel was modified by removing the moulded slot designed to accommodate the early the periscope-type rear-view mirror. This brought the benefits of reduced production costs and the elimination problems with standing water and the focussing of vibrations that in the long run could cause the panel to crack. The modification also permitted the interior headroom to be increased. The small interior air extraction slots were also eliminated.
The grilles either side of the engine cover and the

I cerchi ruota a cinque grandi fori di aspetto corsaiolo. Nella pagina a fianco, i fari a scomparsa con proiettori separati per anabbaglianti e abbaglianti.

The wheel rims with five large holes had a very sporting appearance.
On the facing page, the pop-up headlights with separate main beam and dipped lamps.

Diverse le griglie ai lati del cofano motore e la disponibilità dei colori nella cartella delle tinte. A richiesta diviene disponibile un grande alettone posteriore, non omologato per l'utilizzo stradale ma largamente apprezzato dall'utenza per il suo aspetto in grado di assecondare ed esaltare l'aggressivo linguaggio estetico della LP 400 S.

Si interviene anche con una consistente serie di modifiche alle sospensioni così da rendere la guidabilità della Countach più efficace e meno spigolosa. Vengono interessati i punti di articolazione dei bracci oscillanti, le barre stabilizzatrici, i mozzi ruota. Un eccellente miglioramento giunge dai nuovi pneumatici nel frattempo divenuti disponibili nel catalogo Pirelli. Le coperture P7 hanno dimensione di 205/50 davanti

range of available paint colours were modified. A large rear wing also was also offered as an option, and while not homologated for road use it was immediately very popular with clients thanks to an appearance capable of supporting and enhancing the aggressive aesthetic language of the LP 400 S.

A substantial series of modifications were also made to the suspension in order to make the Countach's handling more effective and less abrupt. The mounts for the wishbones, anti-roll bars and uprights were modified. The new tyres that had in the meantime been introduced by Pirelli also made a welcome improvement. The P7 205/50 covers were fitted at the front and an impressive 345/35 at the rear, making the Countach the car with the widest rear tyres ever to

LA COUNTACH S

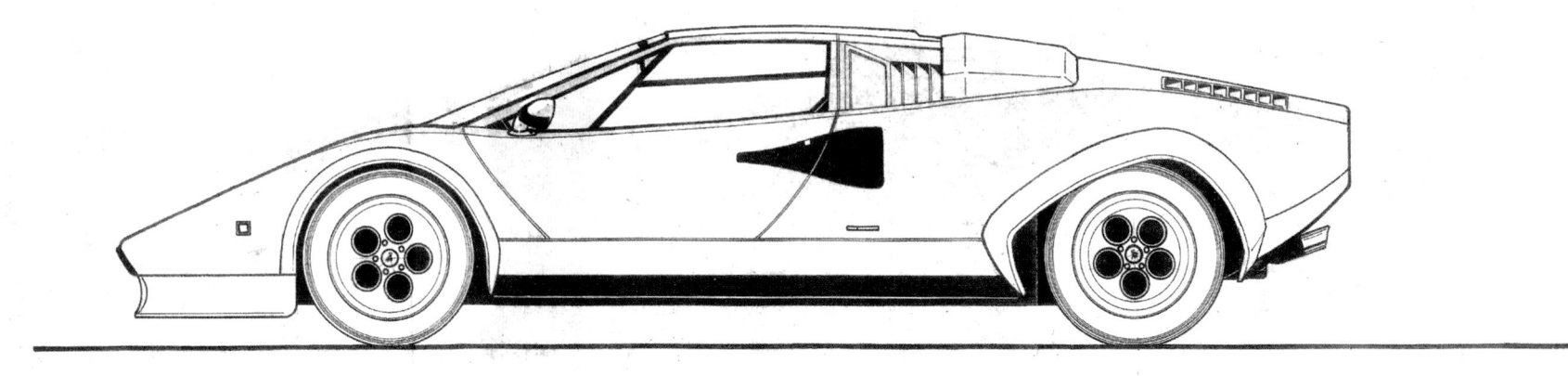

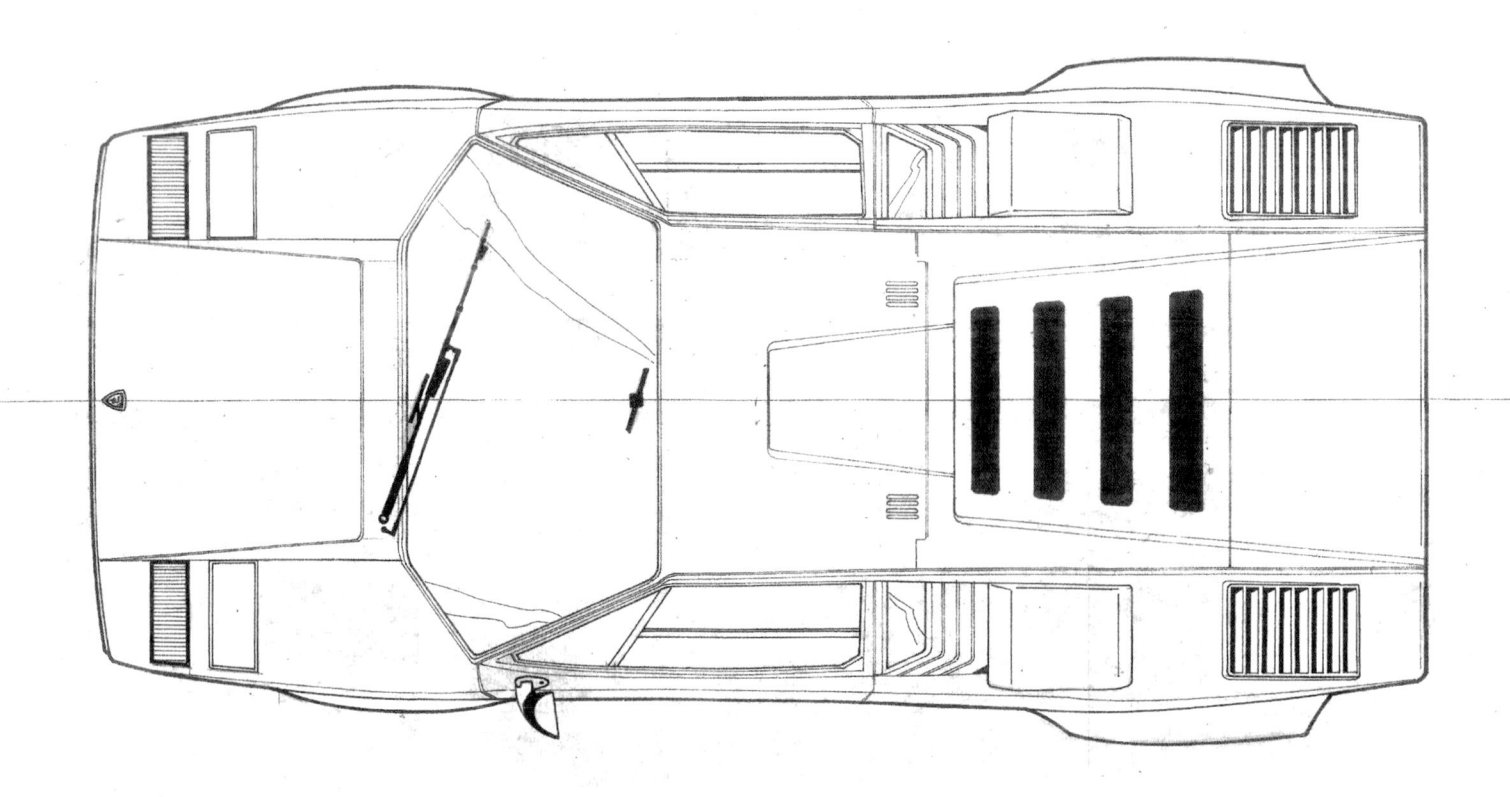

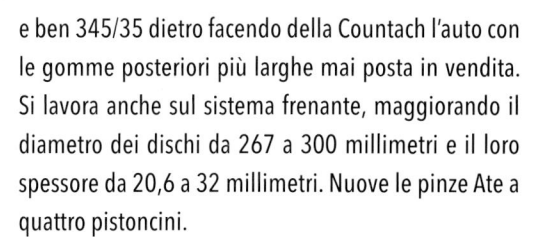

e ben 345/35 dietro facendo della Countach l'auto con le gomme posteriori più larghe mai posta in vendita. Si lavora anche sul sistema frenante, maggiorando il diametro dei dischi da 267 a 300 millimetri e il loro spessore da 20,6 a 32 millimetri. Nuove le pinze Ate a quattro pistoncini.

Minori gli aggiornamenti a bordo dell'auto. La strumentazione è adesso di produzione Jaeger e perde il voltmetro. Viene aggiunto il contachilometri parziale e la grafica degli indicatori è più chiara, ad eccezione del tachimetro un po' disordinato per via della scala secondaria in miglia e delle numerose linee radiali. Le spie sono dislocate in posizione meglio visibile e viene finalmente aggiunto un orologio digitale. Il volante è ridisegnato, la leva del freno di stazionamento viene spostata più convenzionalmente a destra del sedile di guida e il punto di snodo del pedale dell'acceleratore è più efficacemente spostato in alto.

A condurre i collaudi per conseguire la migliore messa a punto globale della LP 400 S è Stanislao Sterzel, subentrato a Bob Wallace.

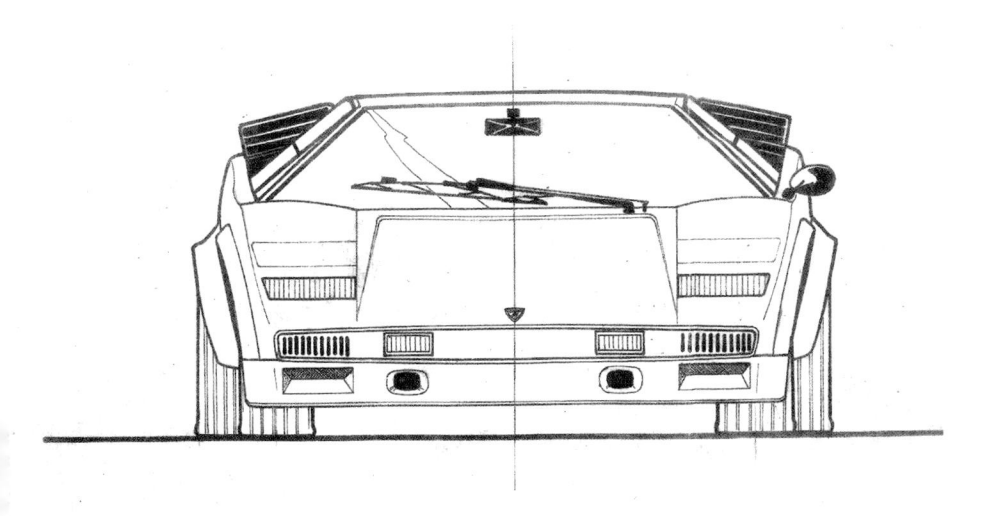

go on sale. Work was also undertaken on the braking system, increasing the diameter of the discs from 267 to 300 millimetres and their thickness from 20.6 to 32 millimetres. New four-pot Ate callipers were adopted.

Minor updates were introduced to the car's interior. The instrumentation was now made by Jaeger and the voltmeter was eliminated. A trip meter was now added and the graphics of the dials was more legible, with the exception of the speedometer, which was rather untidy due to its secondary scale in miles and numerous radial lines. The warning lights were relocated to a more visible position and a digital clock was finally added. The steering wheel was redesigned, the handbrake lever was moved to a more conventional position to the right of the driver's seat and the accelerator pedal pivot point was raised to a more ergonomic position.

Stanislao Sterzel, who took over from Bob Wallace, led the testing programme that aimed at fine-tuning the LP 400 S.

La produzione della nuova Countach si avvia nel marzo 1978 dopo un lotto ibrido di quindici-venti vetture che avranno ancora rimanenze del tetto a "periscopio", cerchi ruota o strumentazione della serie precedente, una pratica comprensibile in un'azienda piccola come la Lamborghini dove non è possibile permettersi sprechi di componenti.

Sotto l'aspetto della genuinità delle prestazioni, il motore della Countach S è interessato dalla ricerca di una migliore trattabilità e – parallelamente – da normative volte alla riduzione delle emissioni inquinanti. Si determina così una riduzione della potenza massima, dichiarata in 353 CV erogati a 7500 giri/min. Questo, insieme alla maggiore resistenza aerodinamica procurata dalle nuove appendici estetiche, porta ad una diminuzione della velocità massima, ora ufficialmente espressa in 285 chilometri orari.

Nella produzione della LP 400 S si distinguono tre differenti lotti, riconoscibili fra loro per varie partico-

Production of the new Countach got underway in March 1978 once a hybrid batch of fifteen to twenty cars that still had remnants of the periscope roof, wheel rims or instrumentation from the previous series had been completed. This practice was understandable in a small company like Lamborghini that could hardly afford to waste components.

In terms of genuine performance, the Countach S's engine was affected by the quest for improved tractability – in parallel – by regulations that aimed to reduced pollutant emissions. This resulted in a reduction in the declared maximum power to 353 hp delivered at 7500 rpm. This, together with the increased drag from the new stylistic appendages, in turn led to a reduction in maximum speed, now officially declared as 285 kilometres per hour.

Three different LP 400 S production batches can be distinguished from each other thanks to various detail differences. The first batch of around fifty exam-

Sopra, il prototipo Bravo del 1974 su meccanica Urraco anticipa il disegno dei cerchi ruota della Countach LP 400 S. Nella pagina a fianco, la foto di apertura della prova su strada della Countach LP 400 S che Carlos Reutemann condusse nel 1982 per *Quattroruote*.

Above, the Bravo prototype from 1974 with Urraco mechanicals anticipated the design of the Countach LP 400 S wheels. On the facing page, the opening photo of the Countach LP 400 S road test that Carlos Reutemann conducted in 1982 for Quattroruote.

larità. La prima tiratura di circa cinquanta esemplari costruiti sino al 1979 mantiene la strumentazione SW. Successivamente il piatto dei cerchi ruota rimane nel solo aspetto concavo, sempre a cinque fori, ma senza più alcuna sporgenza. Gli strumenti di bordo sono gli Jaeger. Sono 105 le unità così allestite. Grazie a nuovi punti di attacco della carrozzeria sul telaio il lotto finale di 82 pezzi risulta migliorato nello spazio interno e con una maggiore luce a terra per via di nuovi punti di fissaggio delle sospensioni, divenuti necessari dopo le lamentele per la notevole facilità a danneggiare lo spoiler anteriore o il fondo della vettura anche in presenza di piccole asperità stradali.

Il periodico *Quattroruote* riesce ad avere in prova una LP 400 S fra le ultime prodotte e ne affida il test a

ples built through to 1979 retained the SW instrumentation. Subsequently, the wheel rims retained their the concave configuration and still had five holes, but the cylindrical protrusions were eliminated. The on-board instruments were made by Jaeger. 105 were produced to this specification. Thanks to new bodywork mounting points on the chassis, the final batch of 82 cars enjoyed improved interior space and more ground clearance thanks to new suspension mounts, which had become necessary after complaints that it was all too easy to damage the front spoiler or the car's underbody on even the smallest of bumps in the road.

The magazine *Quattroruote* managed to get hold of one of the last LP 400 S cars produced and entrusted

PROVA REUTEMANN

Un'auto unica nel suo genere, vistosa e aggressiva. Quasi un prototipo da corsa, costruito a mano in serie limitatissima, dotato di un 12 cilindri di grande potenza (375 CV) da 315 km/h. Costa quasi come una Rolls Royce: 94.550.000 lire. Reutemann ha provato la « Countach » in esclusiva per « Quattroruote ».

LAMBORGHINI "COUNTACH S"

LA COUNTACH S

Lo spaccato mette in evidenza la struttura a traliccio del telaio della Countach e il posizionamento verticale dei due grossi radiatori dell'impianto di raffreddamento.

The cutaway highlights the spaceframe structure of the Countach chassis and the vertical location of the two large radiators in the cooling system.

THE COUNTACH S

SUPERCARS — LAMBORGHINI **COUNTACH** | 113

LA COUNTACH S

Carlos Reutemann, a quel tempo pilota della Williams di Formula 1.

Il campione argentino trova la potenza della Countach S concentrata agli alti regimi, con un carattere quasi violento al di sopra dei 4500 giri. Elogia le notevoli doti di coppia seppur la ripresa in quinta non sia la caratteristica migliore dell'auto. Reutemann giudica il cambio ben spaziato, ad eccezione della notevole distanza riscontrata fra quarta e quinta marcia. La guida viene definita estremamente precisa, ma il pilota sudamericano sottolinea come siano richieste notevoli abilità di guida per tenere la macchina sempre sotto controllo ed evitare reazioni a volte imprevedibili.

it to Carlos Reutemann, then a Williams Formula 1 driver, for a full road test.

The Argentine champion found that the power of the Countach S was concentrated at high revs, and was almost violent in nature above 4500 rpm. He praised the car's remarkable torque output, although fifth gear pick-up was not the car's strongest suit. Reutemann judged the gearing to be well spaced, with the exception of the considerable gap found between fourth and fifth. The handling was described as extremely precise, but the South American driver emphasised that considerable driving skills were required to keep the car under control and avoid what

In basso, Carlos Reutemann dietro la Countach in una pausa del test sul circuito di Monza; alla pagina a fianco, l'analisi tecnica di *Quattroruote*.

Bottom, Carlos Reutemann behind the Countach on a break during the test at Monza; on the facing page, Quattroruote's technical analysis.

Si tratta di un'auto alla quale prestare moltissima attenzione, adatta a guidatori esperti e non certo a improvvisati piloti.

Negli anni della produzione della LP 400 S, la Lamborghini è interessata da preoccupazioni di carattere finanziario e gestionale, che trovano il culmine nella dichiarazione di fallimento del 1980. A curare l'azienda viene nominato Alessandro Artese, al quale vengono concessi due anni di tempo per risollevarne le sorti. Artese arruola Giulio Alfieri, valido tecnico con un brillante passato in Maserati (a lui si deve la magnifica Birdcage). Nella funzione di direttore tecnico, Alfieri ferma la produzione di Silhouette e Urraco,

could at times be unpredictable reactions. He found that it was a car that demanded constant attention, suitable for expert drivers but certainly not for those with less experience.

Over the course of the LP 400 S's production run, Lamborghini was affected by financial and managerial concerns, culminating in the declaration of bankruptcy in 1980. Alessandro Artese was appointed to run the company, and was given two years to turn its fortunes around. Artese enlisted Giulio Alfieri, a talented engineer with a brilliant past at Maserati (he was responsible for the magnificent Birdcage). In the role of technical director, Alfieri halted production of

LA COUNTACH S

modelli per i quali erano stati al tempo varati importanti programmi di industrializzazione rivelatisi però non del tutto soddisfacenti. Si va dunque avanti con la Countach, la sola Lamborghini in grado di garantire un minimo di sostegno economico all'azienda. In questa fase si rivelano efficacissimi – anche sul piano strettamente solidale – le iniziative dei concessionari ufficiali di Milano e Bologna, Achilli Motors ed Emilianauto, che accettano di finanziare preventivamente la costruzione delle Countach ordinate dai clienti. Si cerca un accordo con la BMW per la realizzazione di cinquecento esemplari di M1, accordo che sfuma proprio per via del traballante contesto finanziario. Si concretizza invece la commessa per l'allestimento di cinquemila Fiat 127 Rustica provenienti dal Brasile e destinate ai mercati europei.

La Countach LP 400 S viene fortemente richiesta in Germania e addirittura in Arabia, dove gli sceicchi ne ordinano anche più di una contemporaneamente.

Il periodo di gestione ad opera del curatore si conclude

In alto, la LP 400 S grintosissima fra le chicane dell'autodromo di Monza.
Sopra, la Silhouette del 1976 e, nella pagina a fianco, la Urraco lasceranno il listino Lamborghini ben prima dell'uscita di produzione della Countach, a conferma che il modello V12 della Casa bolognese reciterà un compito importantissimo nella sopravvivenza nella carica carismatica della Lamborghini stessa.

Top, the LP 400 S attacking the chicanes on the Monza circuit. Above, the Silhouette from 1976 and, on the facing page, the Urraco, were to be dropped from the Lamborghini well before the Countach went out of production, confirmation that the Bolognese manufacturer's V12 played a crucial part in the survival of the charismatic Lamborghini marque.

the Silhouette and Urraco, models for which major industrialisation programmes had been launched at the time, but which had not proved to be entirely satisfactory. The company therefore went ahead with the Countach, the only Lamborghini capable of guaranteeing a minimum of economic support for the company. In this phase, the initiatives of the official dealers in Milan and Bologna, Achilli Motors and Emilianauto, who agreed to finance in advance the construction of Countachs ordered by their customers, proved to be very effective – in terms of pure solidarity too. An agreement was sought with BMW for the production of five hundred M1s, a deal that fell through because of the shaky financial situation. On the other hand, a commission for the assembly of 5,000 Fiat 127 Rusticas from Brazil and destined for European markets did materialise.

The Countach LP 400 S was in great demand in Germany and the Middle East, where the sheiks were even known to order more than one at a time.

con la cessione dell'azienda al nuovo presidente Patrick Mimran che confermerà Giulio Alfieri nella veste di direttore tecnico.
La LP 400 S esce dal listino nel 1982 dopo 237 unità costruite. Con essa la Countach raggiunge l'immagine possente e forzuta che ne consacra ovunque nel mondo l'unicità rispetto a qualunque altra vettura disponibile all'utenza privata. La Countach così elaborata individua (e in parte contribuisce anche a creare) una clientela desiderosa di prestazioni straordinarie e caratterizzazioni estetiche spinte all'estremo.

The period of administration came to an end with the sale of the company to the new chairman, Patrick Mimran, who confirmed Giulio Alfieri as technical director. The LP 400 S finally went out of production in 1982 after 237 examples had been built. This version had conferred upon the Countach a powerful, muscular image that consecrated its unique appeal throughout the world. The Countach S in fact identified (and in part also helped to create) a clientele eager for extraordinary performance and extreme aesthetic characterisation.

CILINDRATA 5000
48 VALVOLE

DISPLACEMENT 5000
48 VALVES

Sotto la guida di Giulio Alfieri si va nella direzione di un incremento delle prestazioni. La LP 400 S ha raggiunto interessanti traguardi di vendita ma una frangia di potenziali acquirenti è rimasta perplessa di fronte alla diminuzione di prestazioni rispetto alla precedente LP 400. Al Salone di Ginevra del 1982, contemporaneamente all'ingresso in produzione, viene presentata la LP 500 S. Minime le differenze estetiche con la 400 S: gli specchietti retrovisori esterni sono i Vitaloni Tornado e in coda vi è la scritta identificativa "Countach 5000 S" benché la denominazione ufficiale del modello sia "Countach LP 500 S". Uguale il disegno dei cerchi ruota, ora però forniti dalla veneta OZ. L'abitacolo è modificato solo in minimi particolari relativi agli arredi e alla strumentazione. Le novità si concentrano quindi per intero sotto il cofano posteriore dove è alloggiato un

Under Giulio Alfieri's guidance, the Countach was taken in the direction of enhanced performance. The LP 400 S had achieved interesting sales figures, but a significant number of clients were left perplexed by the drop in performance with respect to the LP 400. At the 1982 Geneva Motor Show, the issue was addressed with the launch of the LP 500 S. There were only minor stylistic differences compared to the 400S: Vitaloni Tornado external rear-view mirrors were adopted and "Countach 5000 S" badging was added to the tail, even though the official model name was "Countach LP 500 S". The design of the wheel rims was unchanged but they were now supplied by the Veneto manufacturer OZ. The interior received only detail modifications to the fittings and instrumentation. The true novelties were in fact

DISPLACEMENT 5000 48 VALVES

La Countach con cilindrata elevata a 5000 cm³ è sostanzialmente uguale nell'estetica alla precedente LP 400 S. L'esemplare della foto monta il grande alettone posteriore, un optional molto gradito dalla clientela.

The Countach, with the displacement raised to 5000 cc, was substantially identical in styling to the earlier LP 400 S. The example in this photo was fitted with the large rear wing, an optional that was very popular with clients.

motore che raggiunge la cilindrata di 4754 cm³ grazie ad alesaggio e corsa aumentati a 85,5 e 69 millimetri. La potenza massima si attesta a 400 CV espressi a 7000 giri al minuto e la coppia è di 41,8 kgm a 4500 giri. Il rapporto di compressione è di 9,2:1. I condotti di ammissione crescono nel diametro da 30 a 32 millimetri.

Altre novità sono la frizione irrobustita per meglio reggere le sollecitazioni dell'impiego urbano e l'accensione elettronica in luogo del precedente ruttore che, con le sue parti mobili, era soggetto a sregolamenti.

La velocità massima è dichiarata in oltre 290 km/h, la larghezza in due metri esatti, mentre il peso sale a 1480 chilogrammi.

Con la 5000 inizia l'esportazione ufficiale della Countach verso gli Stati Uniti, un mercato che darà considerevole impulso alle vendite della macchina, che concluderà la sua commercializzazione con un consuntivo di 325 pezzi.

concentrated under the rear bonnet where an engine was housed that reached a displacement of 4754 cc thanks to bore and stroke dimensions increased to 85.5 and 69 mm respectively. Maximum power was declared to be 400 hp, developed at 7000 rpm, while 41.8 kgm of torque was available at 4500 rpm. The compression ratio was 9.2:1. The diameter of the intake manifolds was increased from 30 to 32 mm. Further modifications included an uprated clutch to better cope with the stresses of urban use and electronic ignition in place of the earlier contact breaker that, with its moving parts, required regular maintenance. The car had a declared maximum speed of over 290 kph, a width of precisely two metres and a weight that rose to 1480 kilos.

With the 5000, the Lamborghini officially began exporting the Countach to the United States, a market that would give a considerable boost to sales of the car, which was to conclude its career with a production total of 325 examples.

CILINDRATA 5000 48 VALVOLE

A sinistra, in alto, il motore della Countach LP 500 S; in basso, la piccola ruota di scorta e la batteria posizionate nel vano anteriore.
Alla pagina a fianco, una vista anteriore dell'auto e, in basso, il dettaglio delle bocche di respirazione e dell'imponente spoiler posteriore.

*Left, top, the engine from the Countach LP 500 S; below, the small spare wheel and the battery located in the front compartment.
On the facing page, a front view of the car and, below, a close-up of the intake mouths and the dramatic rear wing.*

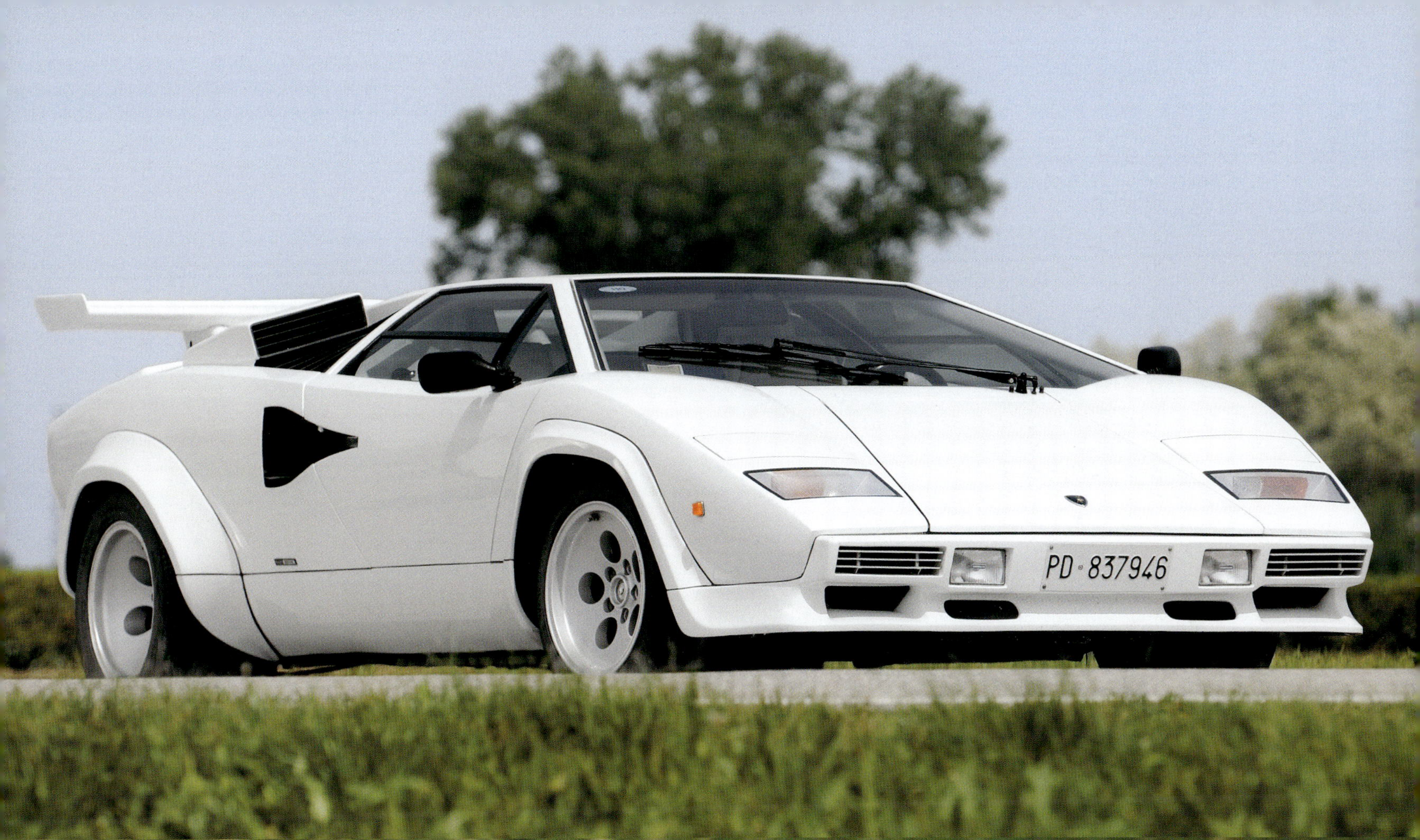
PD 837946
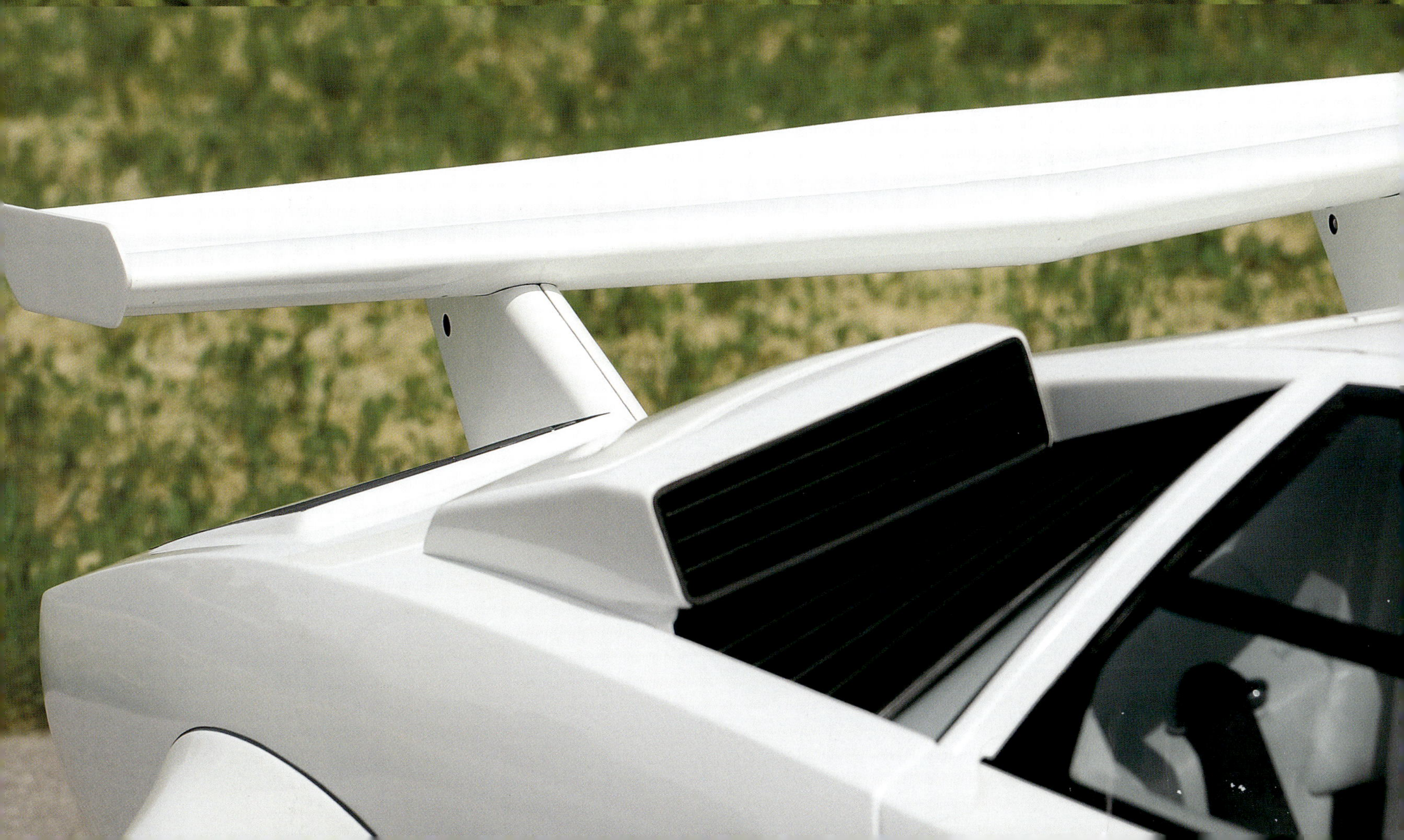

Comandi e strumenti della Countach assumono un aspetto più curato e razionale con l'avvicendarsi delle versioni.

The Countach's controls and instruments took on a more sophisticated and rational appearance with the successive versions.

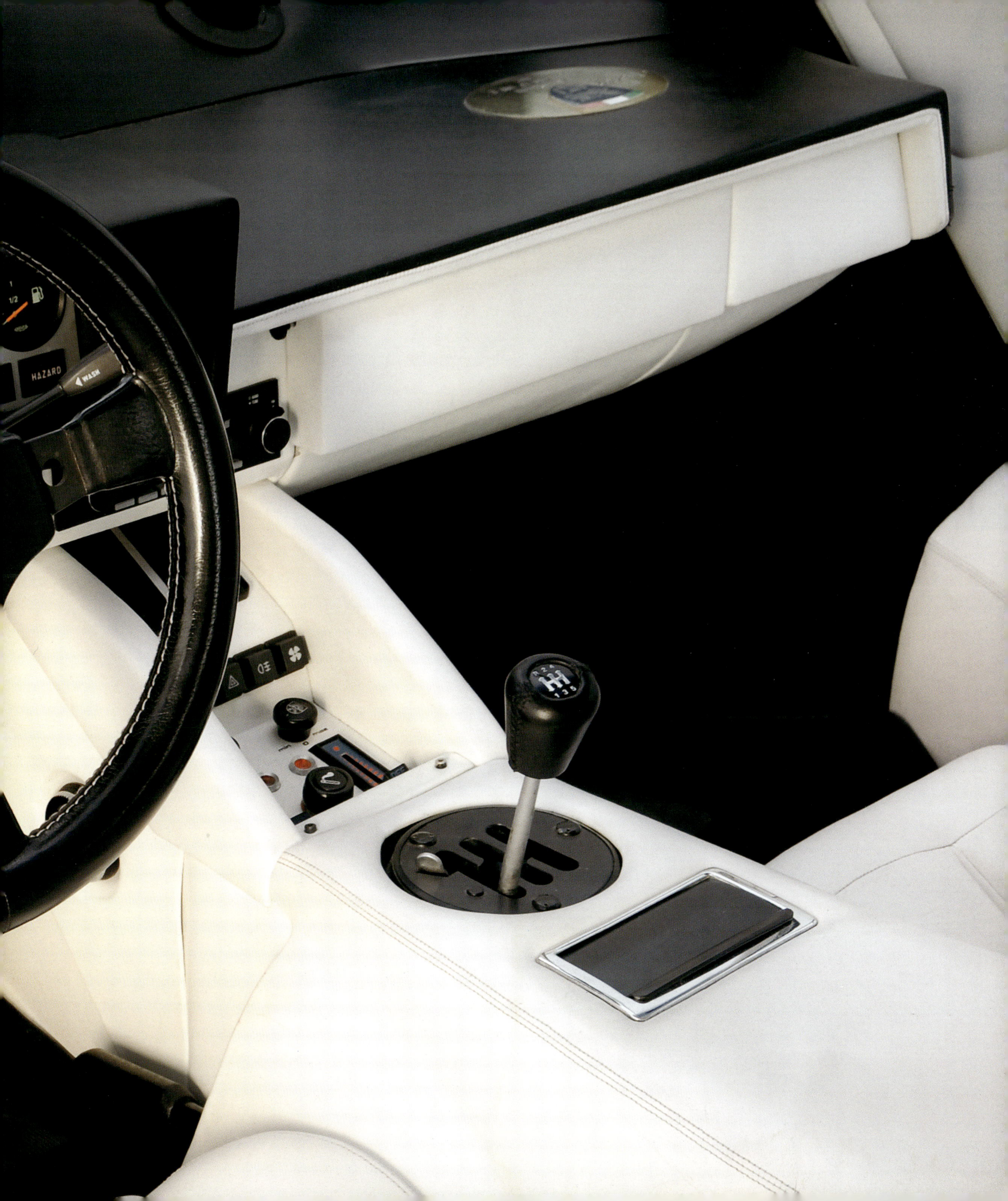
HAZARD
WASH

CILINDRATA 5000 48 VALVOLE

48 valvole

Attorno alla Countach si è plasmata una forte immagine che parla – anzi urla – la lingua delle prestazioni estreme, dei record stabiliti sopra la concorrenza. La Countach si piazza ai vertici del mercato automobilistico per prezzo di listino, potenza, velocità. Se si pensa all'accresciuta intensità del traffico stradale, ai limiti di velocità via via più stringenti e ai moltiplicati controlli da parte delle forze dell'ordine, viene da pensare che la Countach non avrebbe neppure senso di esistere in quanto priva di una razionale logica. La supersportiva bolognese viene periodicamente definita un'auto visionaria, arrogante, irriverente, sfacciatamente insensibile verso i comuni canoni di vivibilità, comfort, versatilità. Eppure essa conta su una folta schiera di affezionatissimi sostenitori che vi riconoscono un'opera di stile ed ingegneria capace di cambiare il concetto di supersportiva per l'intero mondo dell'automobile. Ferruccio Lamborghini spiega che il fenomeno Countach «è la sfida a tutto ciò che ha un limite; è la necessità

È una Lamborghini
It is a Lamborghini
C'est une Lamborghini
Es ist ein Lamborghini

48 valves

A powerful image had been created around the Countach that spoke – that screamed in fact – the language of extreme performance and broken records. The Countach was placed at the very top of the automotive market in terms of list price, power and speed. If you thought about the increased levels of traffic, the ever-stricter speed limits and the multiplication of police checks, you might have decided that the Countach had no real reason for being in that its existence lacked any rational logic. The Bolognese supercar had periodically been defined as visionary, arrogant, irreverent and grossly insensitive to the common canons of useability, comfort and versatility. And yet it could count on a numerous group of enthusiastic supporters who recognised in the car a work of style and engineering capable of changing the concept of the supercar for the entire automotive world. Ferruccio Lamborghini explained that the Countach phenomenon "is the challenge to everything that has

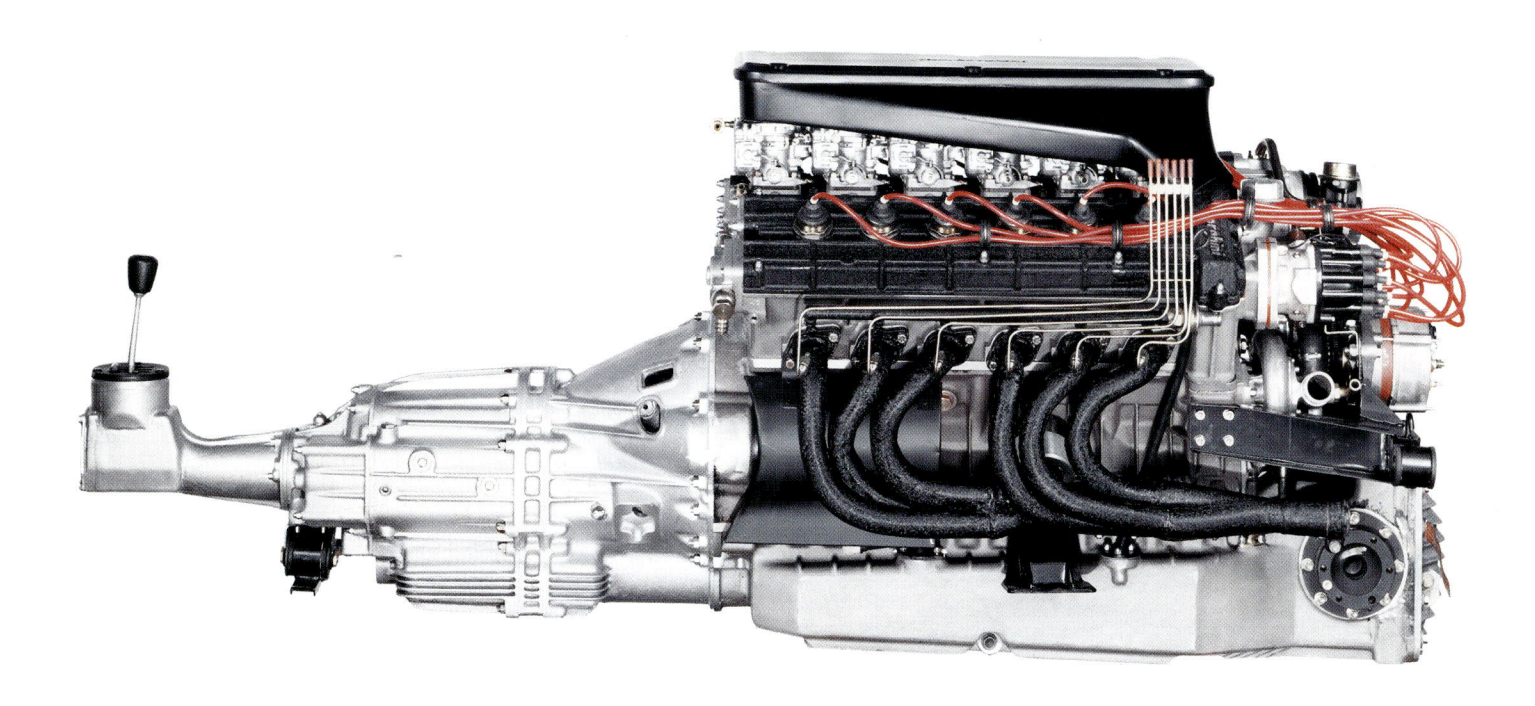

In alto, alla pagina a fronte, alla LP 500 S utilizzata per le immagini promozionali non era stato montato il retrovisore destro. In basso, la Countach Quattrovalvole immatricolata dalla Lamborghini per la stampa. In questa pagina, il complesso motore e trasmissione.

Top, on the facing page, the LP 500 S used for the promotional photo shoot was not fitted with a right-hand rear-view mirror. Below, the Countach Quattrovalvole registered by Lamborghini for the press. On this page, the engine and transmission assembly.

di sogno e di immaginario che sonnecchia in ognuno di noi».

Negli anni la Countach viene sottoposta alle sfide più improbabili, contro la moto di serie più veloce del momento o addirittura affiancata a un aereo in fase di decollo.

A Sant'Agata si continua dunque nella direzione di un aumento di prestazioni e si esplorano le possibilità di un incremento della cilindrata, della sovralimentazione con turbocompressore e della distribuzione plurivalvole. Scartata la prima idea per via dei costi necessari alla riprogettazione del monoblocco e abbandonata la seconda per le difficoltà di smaltimento del maggior calore generato, Giulio Alfieri si concentra su una nuova testata con quattro valvole per cilindro con diametro di 31 millimetri all'aspirazione e 27 allo scarico. La modifica viene accompagnata dall'alesaggio aumentato a 75 millimetri raggiungendo così la cubatura di 5167 cm^3 per una potenza di 455 CV a 7000 giri/min e una

a limit; it is the need for dreams and imagination that sleeps within us all".

Over the years, the Countach was subjected to the most improbable trials, racing the world's fastest production motorcycle of the time or even running alongside a jet as it took off.

The engineers at Sant'Agata continued in the direction of enhanced performance and explored the possibilities of increasing the displacement, adopting a turbocharging system and multiple valve configurations. With the first idea abandoned due the costs involved in redesigning the cylinder block and the second due to the difficulties in dispersing the greater heat generated, Giulio Alfieri focussed on a new cylinder head design with four valves per cylinder with diameters of 31 for the intake and 27 mm for the exhaust. The modification was accompanied by an increase in the stroke to 75 mm which took the total displacement to 5167 cc, for a maximum power

Pubblicato in quattro lingue, il dépliant della LP 500 S mostrava le foto di un esemplare di colore bianco e i dati tecnici di maggior rilievo.

Published in four languages, the brochure for the LP 500 S featured photos of an example finished in white and the most important technical details.

lamborghini countach LP500 S

AUTOTELAIO

Telaio tubolare in tubi sottili portante - Fondi vettura in vetroresina - Scocca in alluminio - Coupé 2 posti - Carreggiata anteriore 1492 mm - Carreggiata posteriore 1606 mm - Passo 2450 mm - Lunghezza 4140 mm - Larghezza 2000 mm - Altezza 1070 mm - Peso Kg 1480 - Disposizione motore e cambio: longitudinale centrale - Sospensioni anteriori e posteriori a ruote indipendenti e quadrilateri trasversali - Ammortizzatori a molle coassiali - Sospensioni posteriori con 4 ammortizzatori - Barre stabilizzatrici anteriori e posteriori - Semiassi omocinetici - Sterzo a cremagliera - Circuito frenante idraulico sdoppiato con servofreno e pinze dei freni in alluminio - Regolatore di frenata sul retrotreno - Dischi freno autoventilanti - Cerchi ruote fusi in Elektron: Ant.: 8" 1/2x15 - Post.: 12"x15 - Pneumatici: ant.: 205/50 VR 15 Pirelli P 7 - post.: 345/35 VR 15 Pirelli P 7 - Parabrezza in vetro laminato scolline - Piantone sterzo regolabile in altezza e profondità - Tergicristallo a parallelogramma - Vano portabagagli: capacità l. 240 - 2 serbatoi carburante in lega leggera per una capacità complessiva di l. 120.

MOTORE

Schema originale Lamborghini con cambio sistemato anteriormente al motore 12 cilindri a V di 60° - Cilidrata cm³ 4754 - Corsa mm 69 - Alesaggio mm 85,5 - Rapporto di compressione 9,2:1 - Potenza max 375 CV DIN a 7000 g/min. - Coppia max 41,8 Kgm a 4500 g/m - Blocco cilindri e testa in lega leggera - Albero motore su 7 supporti - Distribuzione: 2 alberi a cammes in testa comandati con catena - Accensione elettronica con 1 spinterogeno magnetico Marelli - Alimentazione con 6 carburatori orizzontali doppio corpo Weber 45DCOE - Raffreddamento ad acqua con 2 radiatori laterali a flusso orizzontale e 2 ventole elettriche - Equipaggiamento elettrico a 12 Volt con batteria da 72 Ah - Alternatore da 70 A - Raffreddamento olio motore con radiatore - Cambio Lamborghini a 5 Velocità + RM, interamente sincronizzato -
Rapporti: 1ª 2,232:1 - 2ª 1,625:1 - 3ª 1,086:1 - 4ª 0,858:1 - 5ª 0,707:1 - R.M. 1,960:1
Coppia ipoide 11/45 - Differenziale autobloccante - Frizione a comando idraulico, monodisco a secco

PRESTAZIONI

Velocità raggiungibile a 7000 giri/min.
1ª: 88,2 km/h - 2ª: 121,1 km/h - 3ª: 181,3 km/h - 4ª: 229,6 km/h - 5ª: oltre 290 km/h

Ci riserviamo di modificare le caratteristiche della vettura senza preavviso.

CHASSIS

Chassis porteur en charpente tubulaire mince - Fonds voiture en fibre de verre - Carrosserie en alliage léger - Coupé deux places - Voie avant: 1492 mm - Voie arrière: 1606 mm - Empattement: 2450 - Longueur: 4140 mm - Largeur: 2000 mm - Hauteur: 1070 mm - Poids: 1480 Kg. - Moteur central longitudinal - Suspension avant et arrière à roues independentes avec trapèzes transversaux - Amortisseurs et ressorts coaxiaux - Suspension arrière avec quatre amortisseurs - Stabilisateurs AV et AR - Demi-arbres de transmission à joints en aluminium - Direction à crémaillere - Freins à circuit hydraulique séparé avec servo et étriers en aluminium - Regulateur de freinage sur train AR - Freins à disque ventilé - Roues: jantes en alliage léger coulé (Elektron) AV: 8" 1/2x15 - AR: 12"x15 - Pneus: AV: 205/50 VR 15 Pirelli P 7 - AR: 345/35 VR 15 Pirelli P 7 - Parebrise en verre laminé mince - Colonne de direction réglable en hauteur et profondeur - Essuie-glace à parallélogramme - Coffre à bagages: capacité 240 litres - Deux réservoirs à essence en alliage léger, capacité totale 120 litres.

MOTEUR

Projet original Lamborghini avec boîte de vitesses disposés avant le moteur - 12 cylindres en V à 60° - Cylindrée 4754 cm³ - Course 69 mm - Alésage 85,5 mm - Rapport de compression 9,2 : 1 - Puissance maximum 375 CH DIN à 7000 t/m - Couple maximum 41,8 Kgm à 4500 g/m - Bloc cylindres et culasses en alliage léger - Vilebrequin sur sept paliers - Distribution par 2 arbres à cammes en tête, à chaîne - Allumage électronique par un distributeur magnétique Marelli - Alimentation par six carburateurs Weber 45DCOE à double corps - Refroidissement à eau par deux radiateurs latéraux à flux horizontal et deux ventilateurs électriques - Installation électrique à 12 Volts et batterie à 72 Ah - Alternateur de 70 A - Refroidissement huile moteur par un radiateur - Boîte de vitesses Lamborghini à 5 rapports AV + MA, tous synchronisés - Rapports de transmission = 1ª: 2,232: 1 - 2ª: 1,625: 1 - 3ª: 1,086: 1 - 4ª: 0,858: 1 - 5ª: 0,707: 1 - MA: 1,960: 1 - Couple hypoïde 11/45 - Différentiel à glissement limité - Embrayage à commande hydraulique, type monodisque à sec.

PERFORMANCES

Vitesses réalisables à 7000 t/m
1ª: 88,2 km/h - 2ª: 121,1 km/h - 3ª: 181,3 km/h - 4ª: 229,6 km/h - 5ª: plus de 290 km/h

Les caractéristiques de la voiture peuvent être modifiées sans préavis.

CHASSIS

Tubular frame of integral construction - Fiberglass floor panels - Light alloy body - 2 Seater Coupé - Track: front 1492 mm - rear 1606 mm - Wheelbase 2450 mm - Lenght 4140 mm - Width 2000 mm - Height 1070 mm - Weight 1480 kg. - Mid-engine with longitudinal layout - Independent front and rear suspension with transverse A arms, dampers and coaxial springs - Rear suspension with two damper units per wheel - Front and rear stabiliser bars - Constant-moving drive shafts - Rack and pinion steering - Dual circuit hydraulic brakes with servo units and alloy calipers - Brake regulator on rear axle - Ventilated brake discs - Wheels: Elektron rims front 8" 1/2x15 - rear 12"x15 - Tyres: front 205/50 VR 15 Pirelli P 7 - rear 345/35 VR 15 Pirelli P 7 - Laminated glass windshield - Adjustable steering wheel - Parallelogram windshield wipers - Luggage van capacity: lts. 240 - 2 light alloy fuel tanks, total capacity lts. 120

ENGINE

Original Lamborghini design with gearbox mounted ahead of engine - V 12 60° engine - Capacity: 4754 cc - Stroke 69 mm - Bore: 85,5 mm - Compression ratio: 9,2:1 - Maximum power: 375 Hp DIN at 7000 rpm - Maximum torque 41,8 Kgm at 4500 rpm - Light alloy cylinder block and heads - 7 bearing crankcase - Timing system: 2 overhead camshafts (chain) - Electronic ignition: single magnetic Marelli distributor - Carburation by six horizontal Weber twin choke 45DCOE carburettors - Cooling system by two side mounted horizontal flow water radiators and two electric fans - Electrical system: 12 V 72 Ah battery 70 A alternator - Separated oil radiator - Lamborghini all-synchro five speed + reverse gearbox - Ratios: 1st speed: 2,232:1 - 2nd speed: 1,625:1 - 3rd speed: 1,086:1 - 4th speed: 0,858:1 - 5th speed: 0,707:1 - reverse: 1,960:1 - Axle ratio: 11/45 - Limited slip differential - Single plate dry clutch hydraulically operated.

PERFORMANCES

Speeds attainable at 7000 rpm:
1st speed: 88,2 km/h - 2nd speed: 121,1 km/h - 3rd speed: 181,3 km/h - 4th speed: 229,6 km/h - 5th speed: over 290 km/h

Specifications may be changed without notice.

FAHRGESTELL

Selbsttragender Rohrrahmen - Fahrgestell - Aufbauboden aus Glasfaser - Leichtmetall-Karosserie - 2-sitziges Coupé - Spur vorne: 1492 mm - Spur hinten: 1606 mm - Radstand: 2450 mm - Länge: 4140 mm - Breite: 2000 mm - Höhe: 1070 mm - Gewicht 1480 kg - Längsliegender Mittelmotor - u. Getriebe - Einzelradaufhängung hinten mit vier Stossdämpfern - Kurvenstabilisator vorne and hinten - Gleichlaufende Achswellen - Zahnstangenlenkung - Zweikreis - Bremsen mit Servo und Aluminium - Zangen - Bremsregler an Hinterachse - Belüftete Bremsscheiben - Räder: Elektron-Felgen vorne: 8" 1/2x15 - hinten 12"x15 - Reifen: vorne 205/50 VR 15 Pirelli P 7 - hinten 345/35 VR 15 Pirelli P 7 - Windschutzscheibe aus dünnem Verbundglas - Höhen und tiefenverstellbare Lenksäule - Parallelogramm-Scheibenwischer - Kofferraum-Inhalt: 240 Liter - Zwei Benzintanks aus Leichtmetall, Gesamtinhalt 120 Liter.

MOTOR

Original Lamborghini-Entwurf. Getriebe vor dem Motor eingebaut - 12 Zylinder in V 60° - Zylinderinhalt: 4754 cm³ - Hub 69 mm - Bohrung 85,5 mm - Verdichtungsverhältnis: 9,2 : 1 - Höchstleistung: 375 PS bei 7000 Upm - Drehmoment 41,8 Kgm bei 4500 Upm - Zylinderblock und-Köpfe aus Leichtmetall - 7-fach gelagerte Kurbelwelle - Steuerung: 2 obenliegende Nockenwellen (Kette) - Elektronische Zündung: ein Marelli-Magnet-Verteiler - Versorgung über sechs Horizontal-Doppelvergaser Weber 45 DCOE - Kühlung: mittels zwei seitlich angebrachten Wasserkühler mit waagerechtem Durchfluss und zwei Ventilatoren - Elektrische Anlage: 12 Volt mit 72 Ah Batterie - 70 A Alternator - Getrennter Motorölkühler - Lamborghini 5-Gang-Vollsynchrongetriebe - Übersetzungen: 1. Gang: 2,232 : 1 - 2. Gang: 1,625 : 1 - 3. Gang: 1,086 : 1 - 4. Gang: 0,858 : 1 - 5. Gang: 0,707 : 1 - Ruckwärtsgang: 1,960 : 1 - Hypoidverzahnter Achsantieb - Untersetzung: 11/45 - Sperrdifferenzial - Hydraulisch betaegtete Einscheiben-Trockenkupplung

FAHRLEISTUNGEN

Bei 7000 Upm erreichbare Geschwindigkeiten:
1. Gang: 88,2 km/h - 2. Gang: 121,1 km/h - 3. Gang: 181,3 km/h - 4. Gang: 229,6 km/h
5. Gang: über 290 km/h

Aenderungen in Ausstattung und technischen Eingeschaften bzw. Angaben sind vorbehalten.

NUOVA AUTOMOBILI FERRUCCIO LAMBORGHINI S.p.A.
40019 S. Agata Bolognese (Bologna) Italia - Tel. (051) 956171/2/3 - 956209 - Tlx. 510278 LAMBOR I

Carburanti e lubrificanti raccomandati **Agip**

Lamborghini

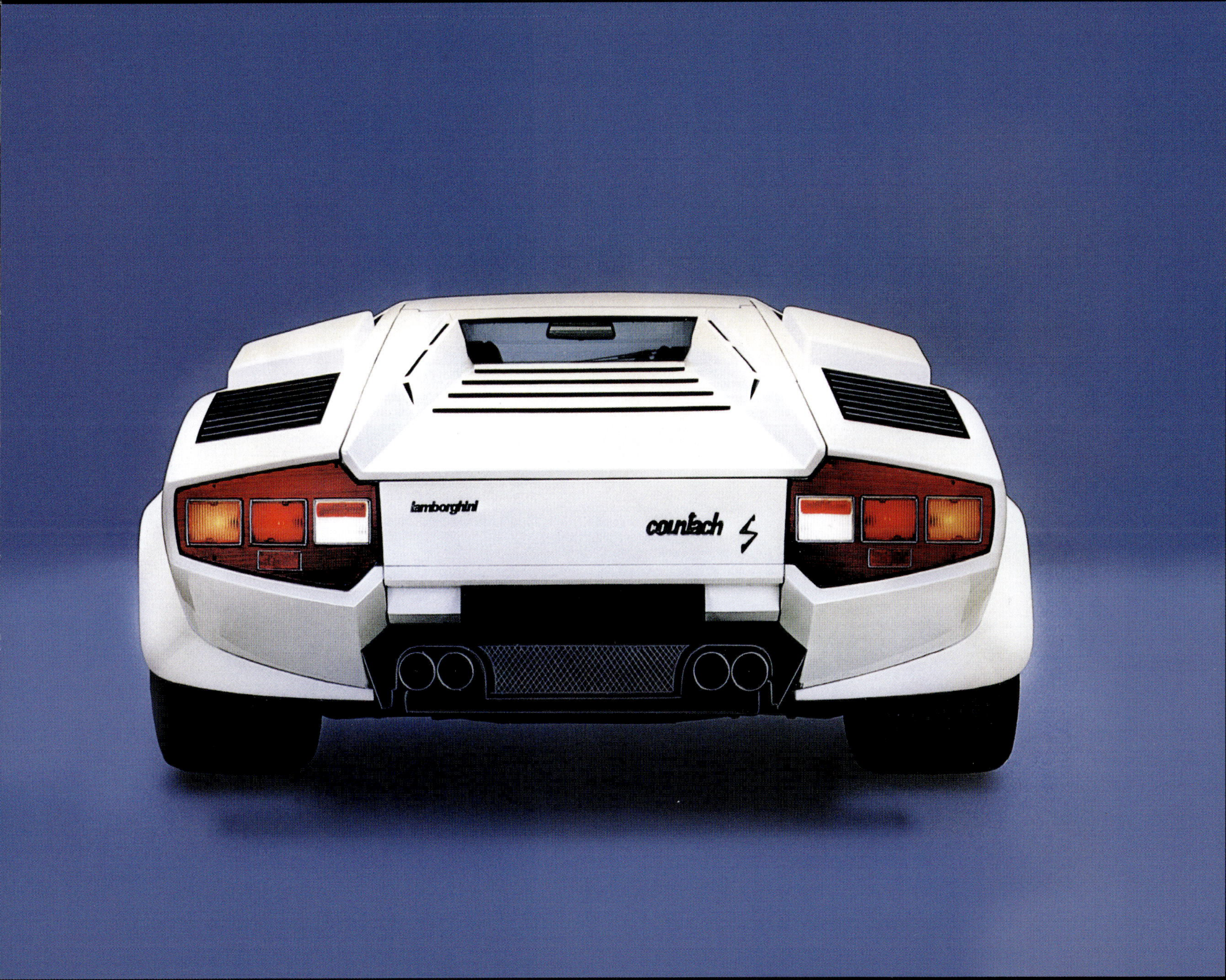
lamborghini
countach S

CILINDRATA 5000 48 VALVOLE

coppia massima di 51 kgm al regime di 5200 giri. Il rapporto di compressione passa da 9,2 a 9,5 e la velocità massima è ufficializzata in 295 km/h.
Molto limitati gli aggiornamenti esterni, a conferma che alla Countach si chiede fondamentalmente di mantenere l'immagine ormai consacrata vincente e progredire sempre più sul fronte delle prestazioni. Al di là degli specchietti retrovisori Vitaloni Turbo, riconoscibili dalle calotte leggermente bombate, la modifica più evidente è la voluminosa gobba alettata sul cofano motore, un rialzo necessario ad ospitare i nuovi carburatori verticali e che – per inciso – limita ulteriormente la già risicata visibilità posteriore della macchina. La Quattrovalvole – mostrata al Salone dell'Automobile di Ginevra del 1985 – si differenzia poi per i cofani, invariati nelle forme, ma adesso realizzati con l'impiego di Kevlar.

output of 455 hp at 7000 rpm and maximum torque of 51 kgm developed at 5200 rpm. The compression ratio was raised from 9.2 to 9.5 and the declared maximum speed was 295 kph.
The external updates were very limited, confirmation that what was asked of the Countach was fundamentally to maintain its established and successful image and to concentrate on improving performance. Apart from the Vitaloni Turbo rear-view mirrors, recognisable by the slightly rounded shells, the most obvious modification concerned the voluminous louvre hump on the engine cover, needed to clear the new vertical carburettors and which, for the record, further restricted the car's already very poor rear visibility. The Quattrovalvole – shown at the Geneva Motor Show in 1985 – also differed in terms of the boot and bonnet lids, of the same shape but now manufactured using Kevlar.

Le ampie bandelle sottoporta caratterizzano l'edizione finale della Quattrovalvole.

The final edition of the Quattrovalvole was characterised by deep sill covers.

Anche all'interno nulla è cambiato, se non il contachilometri, ora a sei cifre. A circa un anno dalla commercializzazione vengono apportate piccole modifiche interne, con nuovi comandi della climatizzazione. Poco dopo, sul finire del 1986, si festeggerà la produzione della Countach numero 1000. Nel 1988 l'auto riceverà voluminose bandelle sottoporta con ampie prese d'aria di raffreddamento per i dischi freno posteriori, una modifica che – nell'abitacolo – coinciderà con l'adozione di un impianto di condizionamento a controllo elettronico. Da parte degli appassionati queste modifiche varranno alla Quattrovalvole il soprannome di 88.5 in ossequio all'anno di introduzione del leggero restyling. Il peso rimane pressoché invariato: 1490 chilogrammi.

In un contesto in cui le automobili sono sempre più dotate quanto a comodità e dispositivi di sicurezza, la Countach si conferma un'entità a sé stante rimanendo priva di servosterzo, alimentazione ad iniezione, sistema antibloccaggio dei freni.

Nothing changed inside the car, with the exception of the odometer, now recording six figures. Around a year after its launch, minor interior modification were made, with new air conditioning controls. Shortly afterwards, towards the end of 1986, Lamborghini celebrated the production of Countach number 1,000. In 1988, the Quattrovalvole was to be fitted with voluminous side skirts with conspicuous intakes for cooling air directed to the rear brakes, a modification that – in the cabin – was to coincide with the adoption of an electronically controlled air conditioning system. Among the enthusiasts, these modifications earned the latest Quattrovalvole the nickname 88.5 in honour of the mild restyling's year of introduction. The weight remained virtually unchanged: 1490 kilos.

In a context in which cars were increasingly equipped with every possible comfort and safety device, the Countach remained a law unto itself and continued to do without power steering, fuel injection and an anti-lock brake system.

I comandi secondari di aspetto più moderno e raffinato della Quattrovalvole. Le autoradio in dotazione sono sempre state fornite dalla Alpine.

The Quattrovalvole's more modern and sophisticated secondary controls. The radios fitted were always supplied by Alpine.

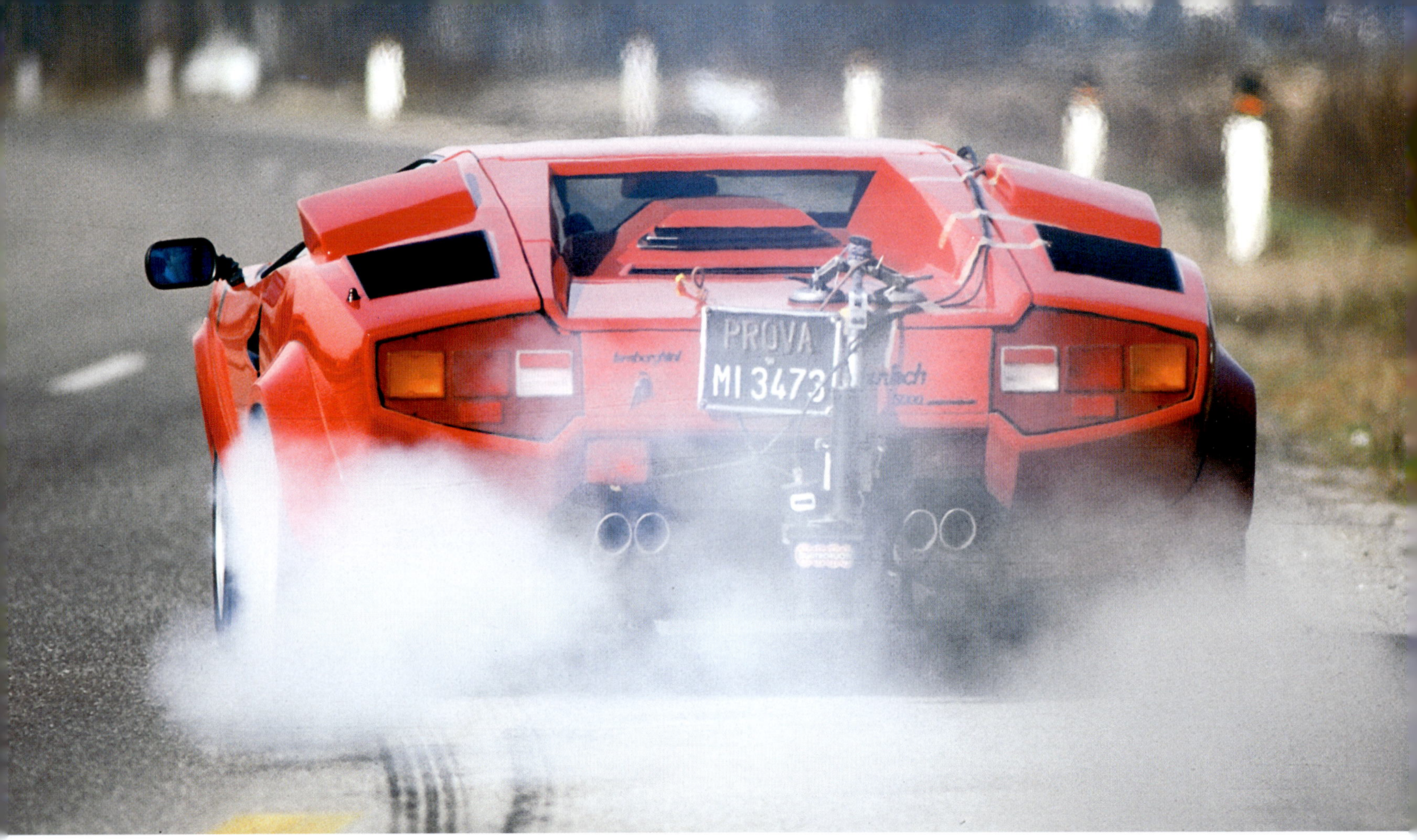
PROVA
MI 3473
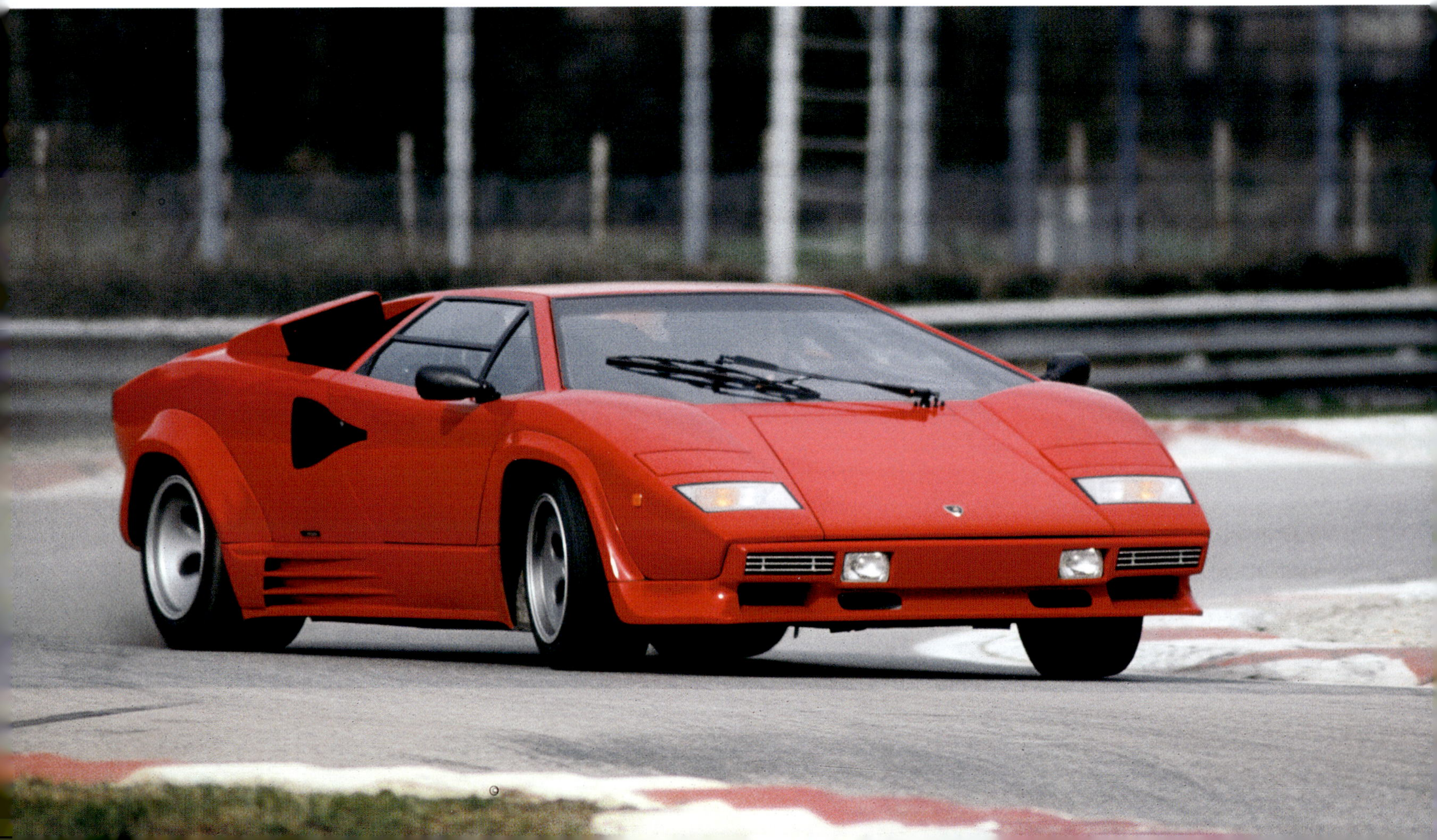

Nella pagina a fronte, in alto, le nuvole sbuffanti fumo in accelerazione mostrano la ferocia della belva Countach con motore a 48 valvole; in basso, l'auto provata in pista da *Quattroruote*. A destra, l'abitacolo della Quattrovalvole.

On the facing page, top, the puffs of smoke under acceleration reveal the ferocity of the Countach fitted with the 48-valve engine; below, the car tested on track by Quattroruote. *Right, the cockpit of the Quattrovalvole.*

Provata da *Quattroruote* nel fascicolo di marzo 1988, la Countach a 48 valvole mette in mostra un andamento più corposo della curva di erogazione del motore, più pieno ai bassi regimi di quanto evidenziato dalla 5000 S e con la capacità di riprendere efficacemente già da poco più di 1000 giri al minuto in quinta marcia. La velocità massima rilevata è di 290,6 km/h e il raggiungimento dei 100 chilometri orari partendo da fermo viene esaurito in 5,8 secondi. Si superano i 400 metri quando il cronometro segna 13,6 secondi e ne occorrono altri 10,5 per superare il chilometro, con la velocità dell'auto ormai superiore ai 227 orari. Con la quinta marcia innestata, premendo sull'acceleratore dalla velocità di 70 km/h sono necessari 12,9 secondi per arrivare a 140 all'ora e altri 11 perché si giunga ai 200. Poco discriminanti per il cliente-tipo della Countach, i consumi di carburante si attestano mediamente

Tested by *Quattroruote* in the March 1988 issue, the 48-valve Countach displayed a more sumptuous power delivery curve, fuller at the bottom end than the 5000 S and with the ability to pick up efficiently from as low as 1000 rpm in fifth gear. The magazine recorded a maximum speed of 290.6 kph and reached 100 kph from a standing start in 5.8 seconds. The 400 metre sprint was completed in 13.6 seconds while a further 10.5 seconds were required to cover the full kilometre, by which time the car was travelling at over 227 kph. With fifth gear engaged and the throttle floored at 70 kph, 12.9 seconds were required to reach 140 kph and a further 11 seconds to break the 200 kph barrier. Although it mattered little to the typical Countach clientele, average fuel consumption worked out at five kilometres of road covered for every litre of

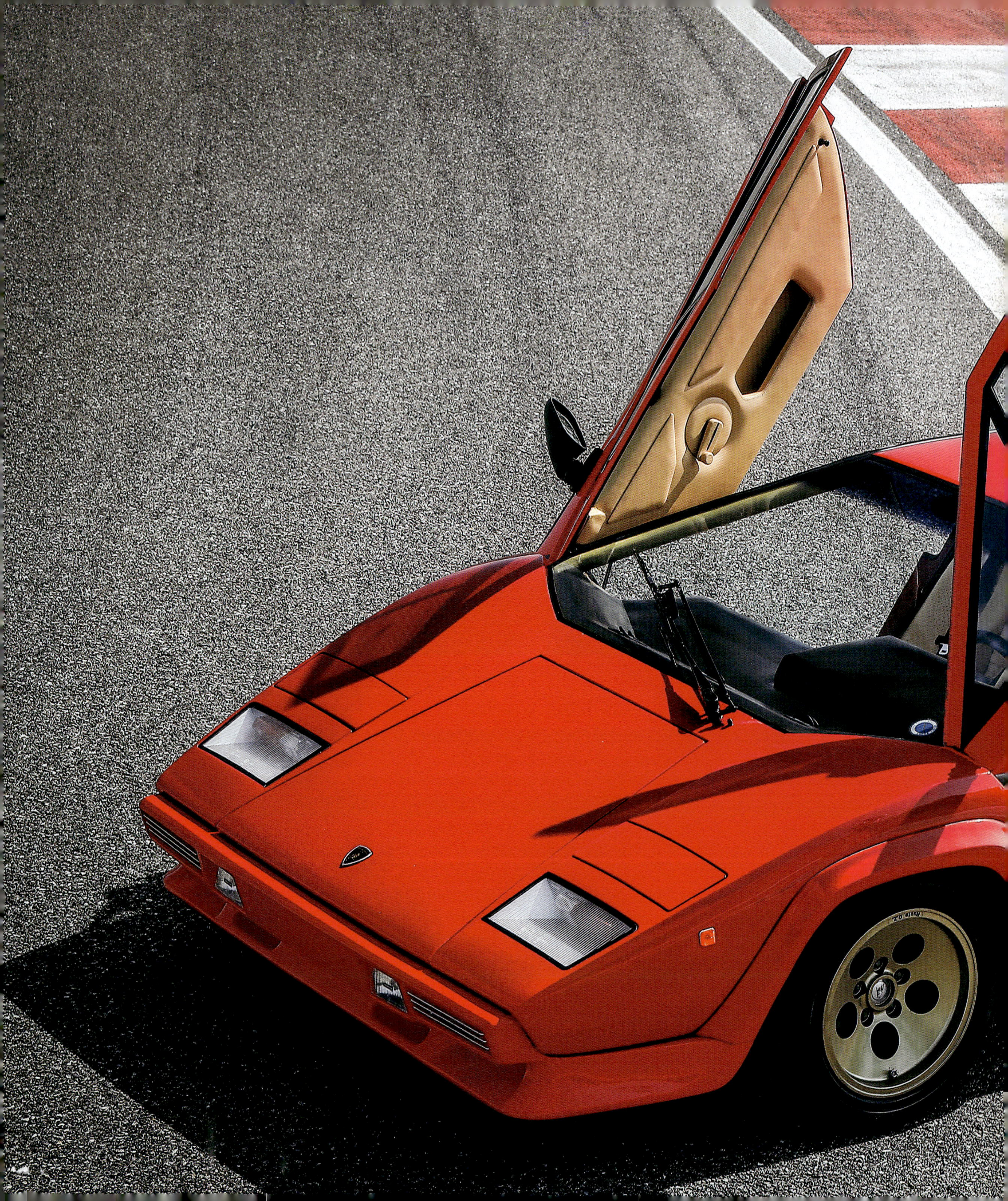

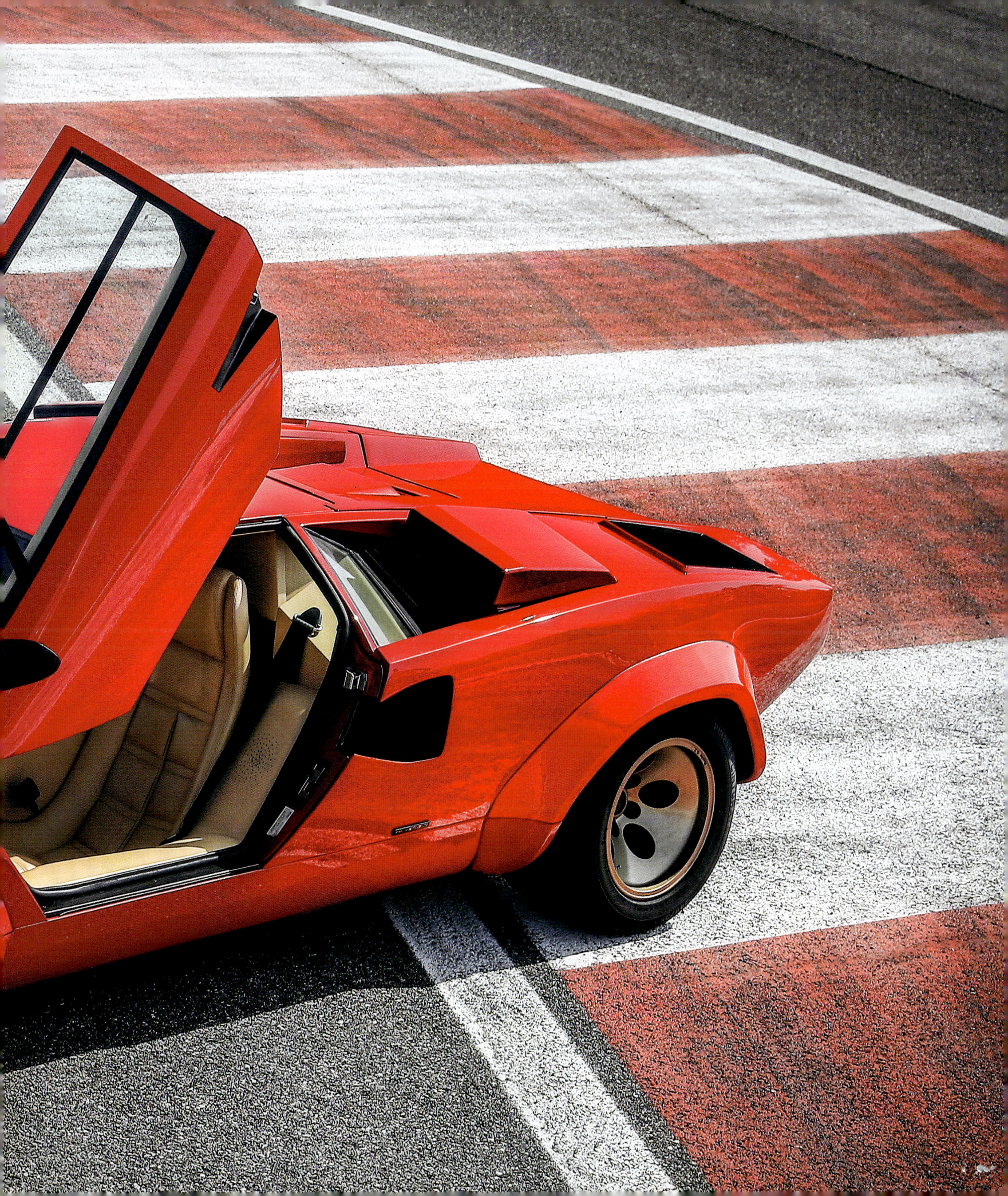

CILINDRATA 5000 48 VALVOLE

La pista appare l'ambiente ideale per la Countach.

The track appeared to be the ideal setting for the Countach.

su cinque chilometri di strada percorsa per ogni litro di benzina. Fermare la Quattrovalvole richiede uno spazio di 40,8 metri dalla velocità di 100 km/h; ne occorrono 80 viaggiando a 140, sempre ponendo attenzione ad anomali bloccaggi delle ruote.

La larghezza dei pneumatici anteriori maggiorata da 205 a 225 millimetri – con conseguente aumento della carreggiata da 1490 a 1535 millimetri – dà alla Quattrovalvole un comportamento dinamico appena appena meno appuntito rispetto alla LP 500 S, ma rimane confermato come non siano concesse distrazioni nemmeno al pilota più esperto. Le risposte della macchina nei veloci cambi di direzione o in manovre d'emergenza sono impegnative e richiedono grande sensibilità. Si tratta di un'auto che va costantemente tenuta sotto controllo, senza minimamente eccedere in pericolose confidenze. Per rendere al meglio, rimane valida la regola che vuole cambio, freni, sterzo e frizione manovrati in accordo fra loro; solo così si potrà avere la resa più elevata e sfruttare al meglio la

petrol. Stopping the Quattrovalvole required 40.8 metres of space from a speed of 100 kph; 80 metres were required from 140 kph, always taking care to avoid locking up the wheels.

The width of the front tyres was increased from 205 to 225 millimetres – with a consequent increase in the track from 1490 to 1535 millimetres – and gave the Quattrovalvole slightly less sharp handling than the LP 500 S, but the car nonetheless continued to demand complete focus on the part of even the most experienced drivers. The car's responses to rapid changes of direction or in emergency manoeuvres were demanding and required great sensitivity. This was a car that had to be kept constantly under control, without ever giving way to perilous over confidence. For it to perform to its best, gearbox, brakes, steering and clutch all had to be made to sing to the same tune: this was the only way all that brutal power, capable of raising clouds of smoke from the rear tyres when accelerating hard,

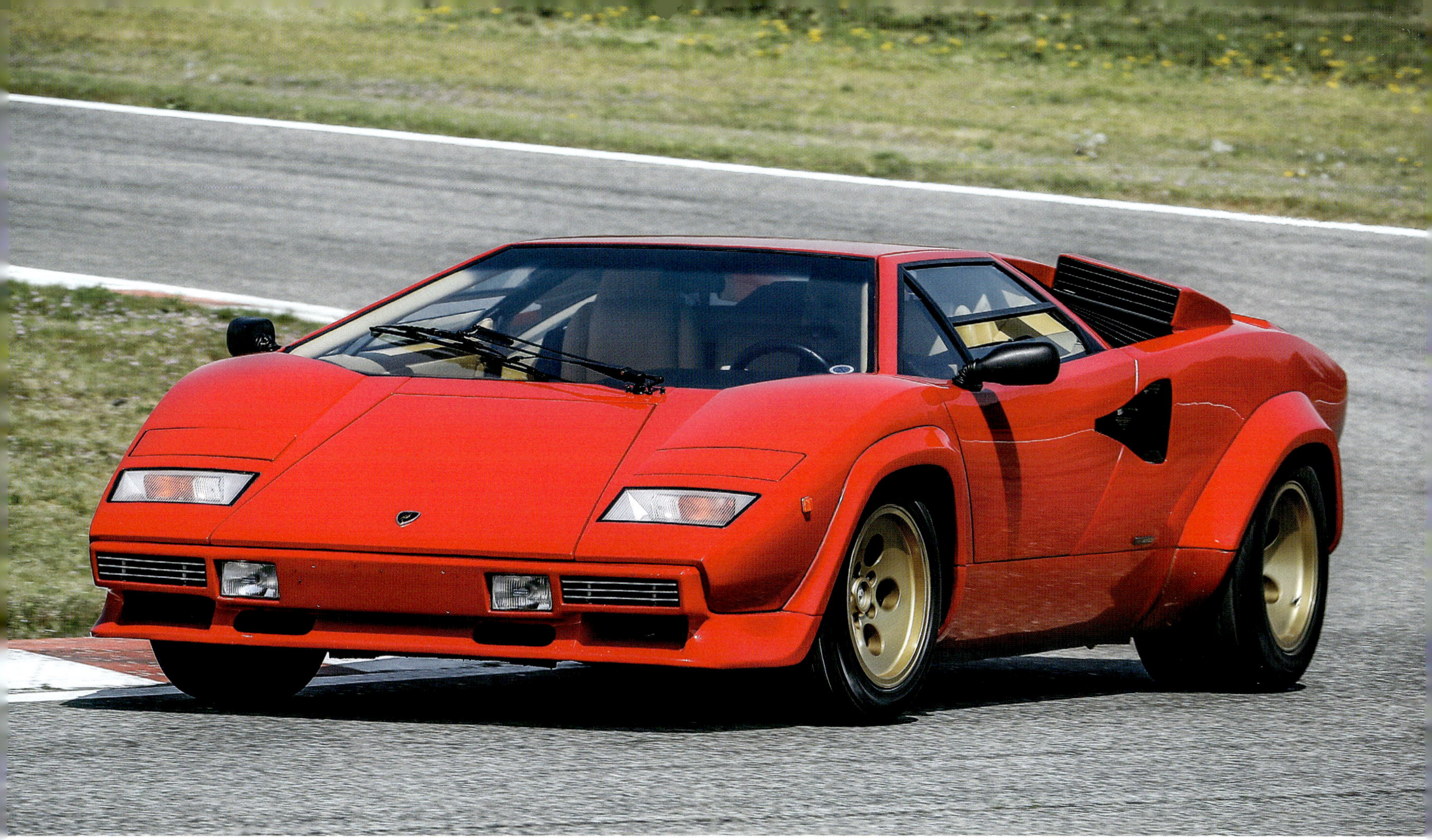

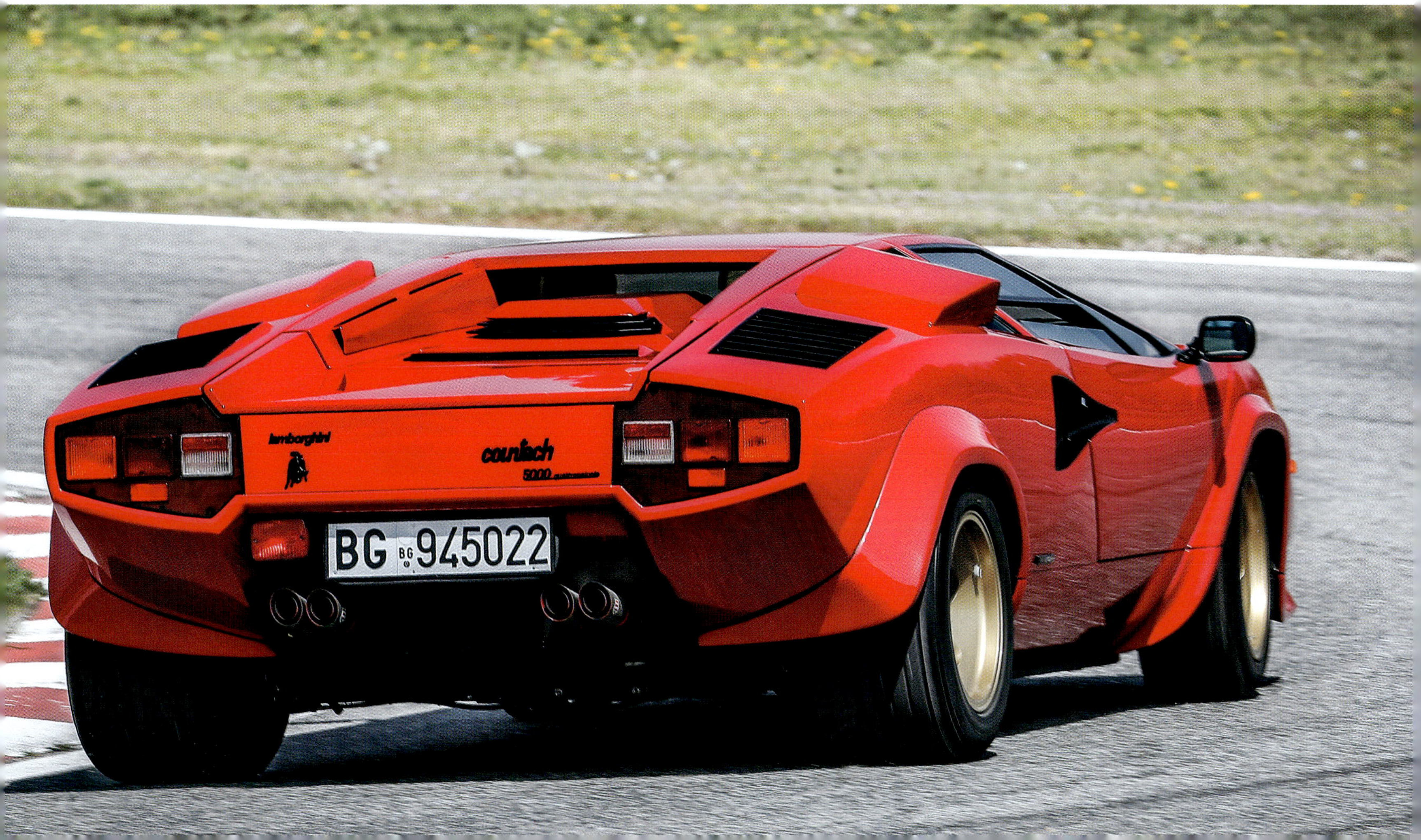
lamborghini
countach
5000
BG 945022

CILINDRATA 5000 48 VALVOLE

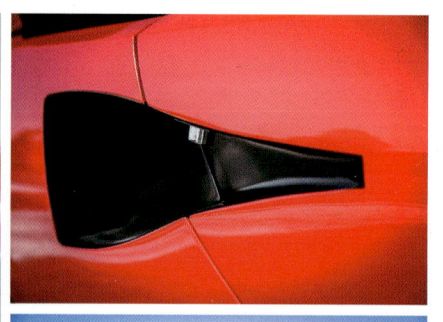

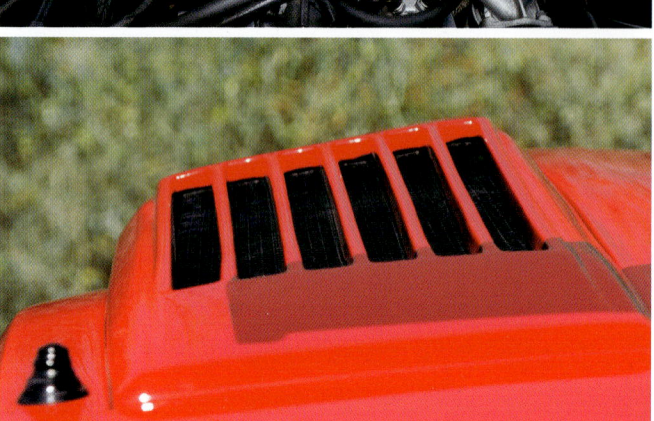

Il motore e alcuni dettagli della Quattrovalvole. Il particolare più evidente per la riconoscibilità di questa versione della Countach è il rigonfiamento alettato sul cofano motore (in basso a destra).

The engine and a number of details from the Quattrovalvole. The most characteristic detail identifying this version of the Countach was the louvred bulge on the engine cover (bottom, right).

brutale potenza, capace di produrre nuvole di fumo in piena accelerazione dai pneumatici posteriori. Sono situazioni in cui non è neppure facile tenere una traiettoria perfettamente diritta per via delle continue scodate manifestate ad ogni cambio marcia. Premere poi sull'acceleratore senza troppi riguardi in uscita di curva - specie se il fondo non garantisce la massima aderenza - può causare un immediato avvicendamento tra il muso e la coda dell'auto...
La Quattrovalvole concluderà la sua commercializzazione con un consuntivo di 631 unità, dopo circa un anno dall'acquisizione della Lamborghini da parte della Chrysler, operazione fortemente voluta da Lee Iacocca, numero uno della grande casa americana.

could be transmitted effectively. There are certain situations in which even keeping to a perfectly straight line could be difficult as the car squirmed at every gear change. Floor the throttle as you come out of a corner without due care and attention - especially on surfaces offering less than optimum grip - and it was all too easy for the car's nose and tail to swap ends...
The Quattrovalvole was to conclude its production career with a total of 631 examples having been built, around a year after Lamborghini had been acquired by Chrysler, an operation that was eagerly pushed for by Lee Iacocca, the American major's chairman.

138 | LAMBORGHINI COUNTACH

SUPERCARS

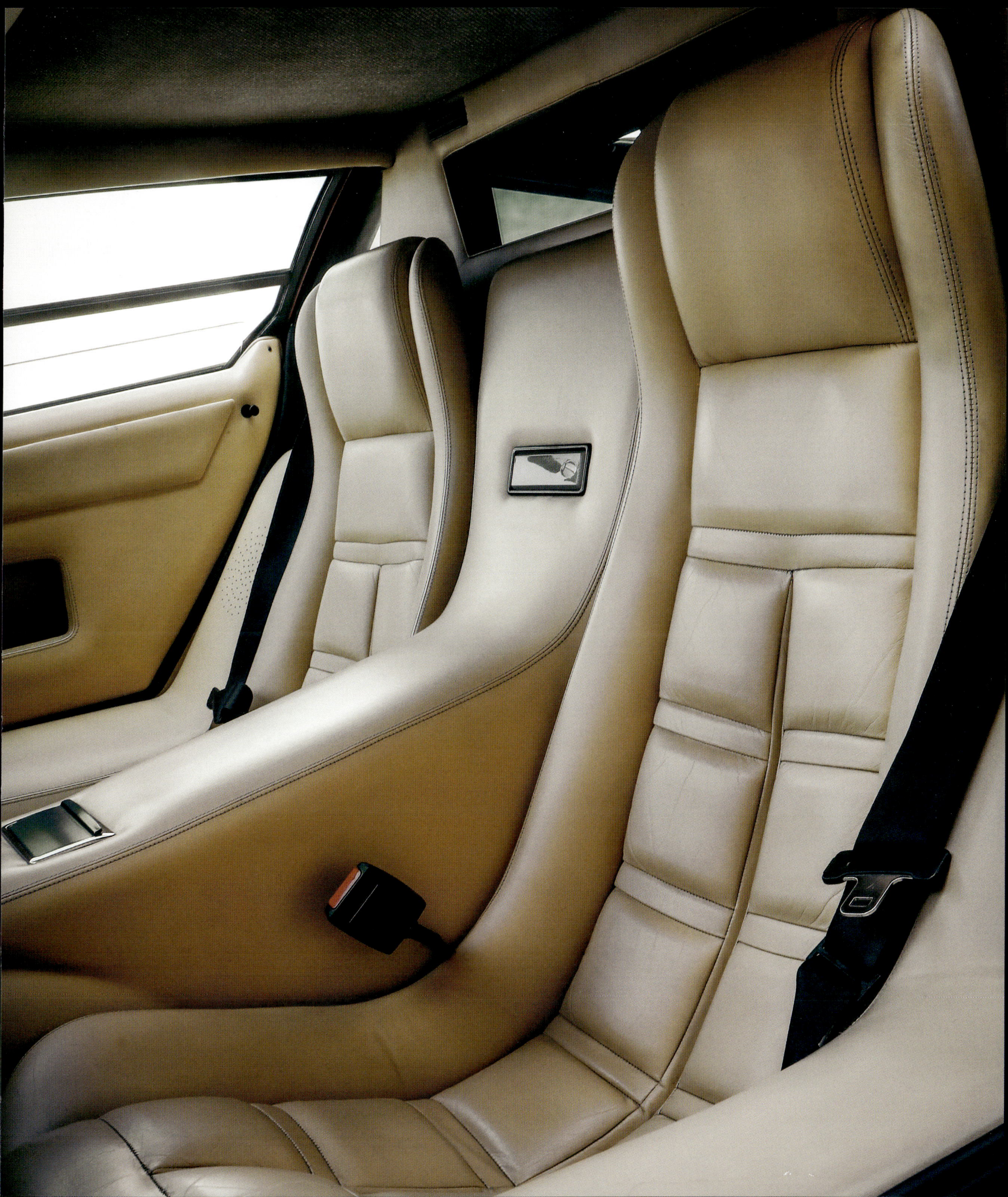

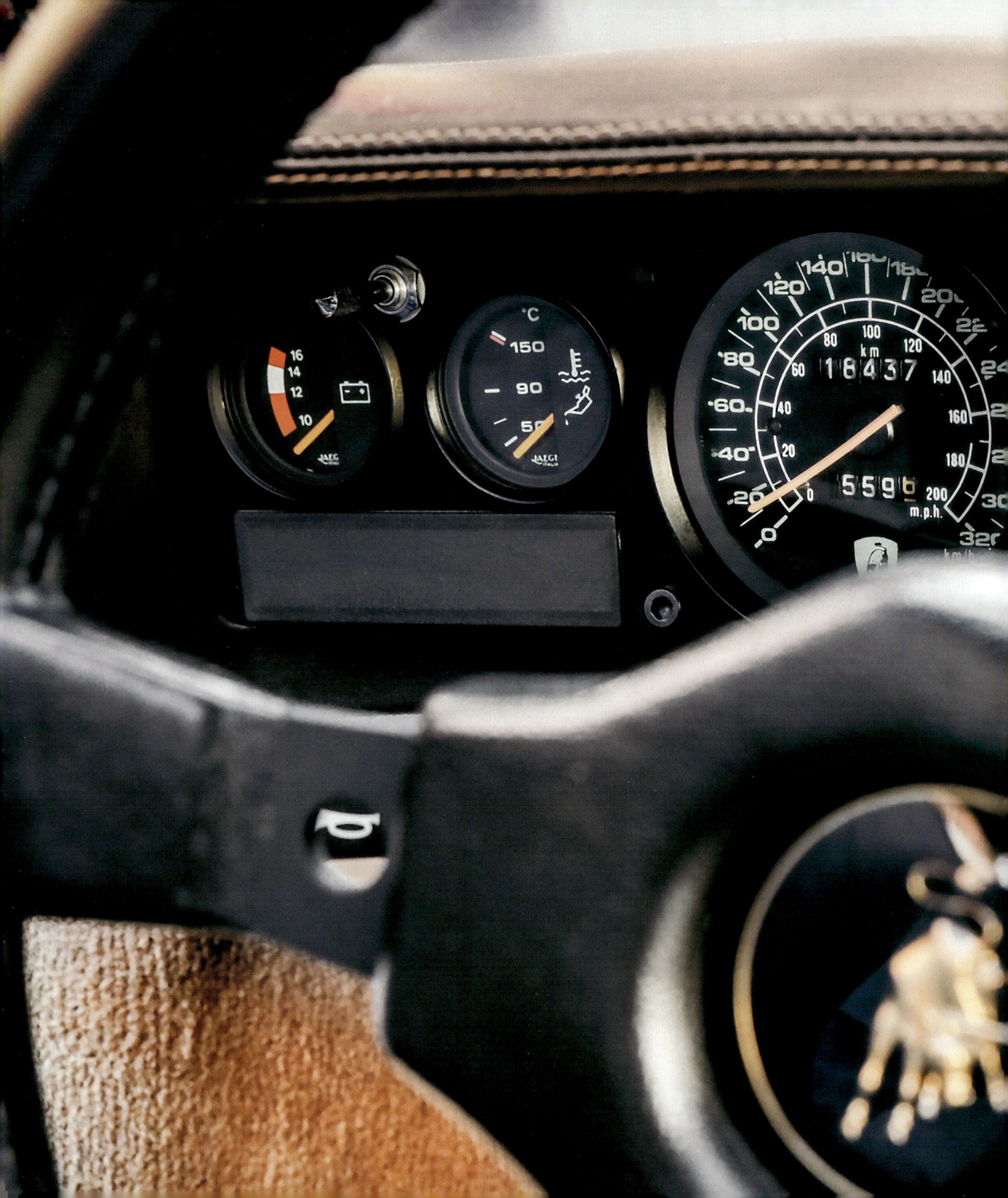
16
14
12
10
°C
150
90
km
18437
5596
m.p.h.

bar
10
5
0
JAEGER
ELETTRONICO
Giri x 100
0
10
20
30
40
50
60
70
80
90

APRIPISTA A MONTE CARLO
PACESETTER AT MONTE CARLO

Un filo di reciproca stima ha legato il nome Lamborghini al Gran Premio di Formula 1 di Monte Carlo. Nel 1967 il principe Ranieri III e la principessa Grace salutarono il pubblico del circuito compiendo un giro del tracciato di gara a bordo dell'avveniristica Marzal. A seguire la coppia reale vi era Louis Chiron alla guida di una Miura. Cinque anni dopo, Bob Wallace portò la LP 500 (ancora senza l'evoluzione delle prese Naca laterali) lungo il leggendario percorso monegasco. Poi, lo stesso scenario fu calcato dal prototipo di colore rosso, il medesimo che darà origine al primo numero di telaio ufficiale della Countach. Ininterrottamente, dal 1980 al 1983, vari esemplari di Countach equipaggiati di luci lampeggianti blu e rosse hanno svolto il ruolo di pace-car del gran premio.

A thread of reciprocal respect has bound the name of Lamborghini to the Monte Carlo Formula 1 Grand Prix. In 1967, Prince Rainier III and Princess Grace saluted the crowds, completing a lap of the circuit aboard the futuristic Marzal. Following the royal couple was Louis Chiron at the wheel of a Miura. Five years later, Bob Wallace took the LP 500 (still without the evolution of the lateral Naca ducts) around the legendary Monaco circuit. Then it was the turn of the red prototype, the same car that was to give origin to the Countach's first official chassis number. Uninterruptedly, from 1980 to 1983, various examples of the Countach equipped with blue and red flashing lights acted as pace cars for the Grand Prix.

Alla pagina a fianco, una Countach allestita in configurazione di auto d'assistenza per il Gran Premio di Monaco del 1981. A destra, la Marzal a ridosso del palchetto reale di premiazione: è il 1967.
In basso, a sinistra, Gilles Villeneuve, vincitore del Gran Premio nel 1981, durante il suo giro d'onore, scortato dalla Countach.
A destra, Bob Wallace dà le spalle alla LP 500 mentre alcuni curiosi la osservano stupiti.

On the facing page, a Countach prepared for its role as a service car at the 1981 Monaco Grand Prix. Right, the Marzal in front of the royal prize-giving stage in 1967.
Bottom left, Gilles Villeneuve, winner of the Grand Prix in 1981, during his lap of honour, escorted by the Countach. Right, Bob Wallace with his back to the LP 500 while a couple of curious enthusiasts inspect the car.

SUPERCARS

LAMBORGHINI COUNTACH | 143

IL PROTOTIPO EVOLUZIONE

THE EVOLUZIONE PROTOTYPE

Nel 1985, sotto la supervisione di Giulio Alfieri, comincia in Lamborghini una fase di decisa sperimentazione per lo studio di materiali innovativi da applicare sulle auto di serie in luogo dei tradizionali metalli. A condurla è lo staff del Reparto Esperienza Compositi, nato poco tempo prima e dedicato alla ricerca di nuovi traguardi in termini di maggiore rigidità strutturale e riduzione del peso, con positivi riflessi sulla sicurezza passiva e sul binomio consumi-emissioni.

Dal lavoro del team – a cui collabora l'ingegner Rosario Vizzini, proveniente dall'Alenia e con esperienze condotte nella lavorazione della fibra di carbonio presso la Boeing – nasce nel 1987 il prototipo Countach Evoluzione, un'auto sperimentale con forme simili a quella della nota berlinetta di Sant'Agata ma con contenuti tecnici profondamente

In 1985, under the supervision of Giulio Alfieri, Lamborghini began working on intensive experimentation with innovative materials to be applied to production cars in place of the traditional metals. The programme was led by the staff of the recently created Composites Department dedicated to exploring new horizons in terms of greater structural rigidity and weight reduction, with positive effects on passive safety and the consumption-emissions equation.

It was out of the work of this team – to which the engineer Rosario Vizzini contributed after arriving from Alenia and with experience with the working of carbonfibre at Boeing – the Countach Evoluzione prototype was born in 1987, an experimental car with forms similar to those of the famous Sant'Agata berlinetta, but profoundly different technical contents.

diversi. Il telaio è composto da due gusci in fibra di carbonio a disegno alveolare incollati fra loro. La struttura ha ingombri nettamente inferiori rispetto al telaio in tubi della Countach e questo permette maggiori dimensioni interne e un vano anteriore più grande fermo restando il vincolo della misura del passo. Il peso della macchina è di circa il 30% inferiore rispetto alla Countach di serie. La carrozzeria viene affinata in funzione di un più basso coefficiente di attrito con l'aria a cui contribuiscono soprattutto il nuovo profilo della zona anteriore e i cerchi ruota lenticolari.

A fronte di innegabili vantaggi sotto gli aspetti della leggerezza e della rigidità, la sperimentazione della fibra di carbonio mette in luce problemi relativi all'esigenza di un'attentissima progettazione preventiva, all'insorgenza di vibrazioni e alle impegnative possibilità di riparazione. La Countach Evoluzione sarà comunque una vera auto-laboratorio su cui verranno condotti studi anche in merito alle sospensioni a controllo elettronico e persino alla trazione integrale e alle ruote posteriori sterzanti.

L'auto andrà distrutta in un crash test ma contribuirà efficacemente ad edificare le basi del futuro Lamborghini.

The chassis was composed of two carbonfibre shells with a honeycomb design boded to one another. The structure was significantly more compact than the spaceframe chassis of the Countach which permitted great interior dimensions and a larger front compartment, albeit with the wheelbase remaining the same. The car weighed around 30% less than the production Countach.

The bodywork was revised in search of a lower drag coefficient, to which above all the new profile of the front section and the lenticular wheel covers contributed.

While it presented undeniable advantages in terms of lightness and stiffness, the experimentation with carbonfibre brought to light problems regarding the need for painstaking preventative design work, the creation of vibrations and the demands of eventual repair work. The Countach Evoluzione was in any case a true rolling laboratory on which studies were also conducted into electronically controlled suspension and even four-wheel drive and four-wheel steering.

The car was destroyed in a crash test but made an essential contribution to laying the foundations of the future Lamborghini.

Un disegno della Countach sperimentale, nota come Evoluzione.

A drawing of the experimental Countach, known as the Evoluzione.

COUNTACH GROUP C

Seppur senza successo, il motore a 48 valvole della Countach conobbe anche l'ambiente delle competizioni sportive. Con un'opportuna elaborazione condotta da Luigi Marmiroli, il V12 di Sant'Agata, con potenza innalzata a oltre 650 CV, fu infatti impiegato nel 1986 da David Joliffe – importatore Lamborghini per il mercato britannico – per la Countach QVX, vettura da corsa destinata alle competizioni del gruppo C nel Campionato mondiale Sport Prototipi. Affidata al team CC Motorsports e condotta da Mauro Baldi e Tiff Needell, la macchina non trovò adeguato sostegno finanziario e non riuscì a ottenere la qualificazione in nessuna delle gare previste. Il solo risultato utile, un settimo posto, fu ottenuto sul circuito di Kyalami, in una prova non valida per il Campionato.

Albeit without success, the Countach's 48-valve engine was also used in the world of motor racing. Suitably prepared by Luigi Marmiroli, the Sant'Agata V12, with a power output raised to over 650 hp, was in fact employed in 1986 by David Joliffe – the Lamborghini importer for the British market – in the Countach QVX, a racing car designed for Group C in the Sports Prototypes World Championship. Entrusted to the CC Motorsports team and driven by Mauro Baldi and Tiff Needell, the car lacked adequate financial support and never managed to qualify for any of the races. The only result it did achieve was a seventh-place finish on the Kyalami circuit, in a non-championship race.

Pagina a fianco, Mauro Baldi e Tiff Needell, i due piloti del team. A destra, i dati tecnici della Countach QVX in una tabella diffusa da Unipart, unico sponsor della vettura.
In basso, il motore Lamborghini installato nel telaio dell'auto, prodotto dalla Spice Engineering.

Facing page, Mauro Baldi and Tiff Needell, the team's two drivers. Right, the technical data of the Countach QVX in a table published by Unipart, the car's sole sponsor. Bottom, the Lamborghini engine installed in the car's chassis, produced by Spice Engineering.

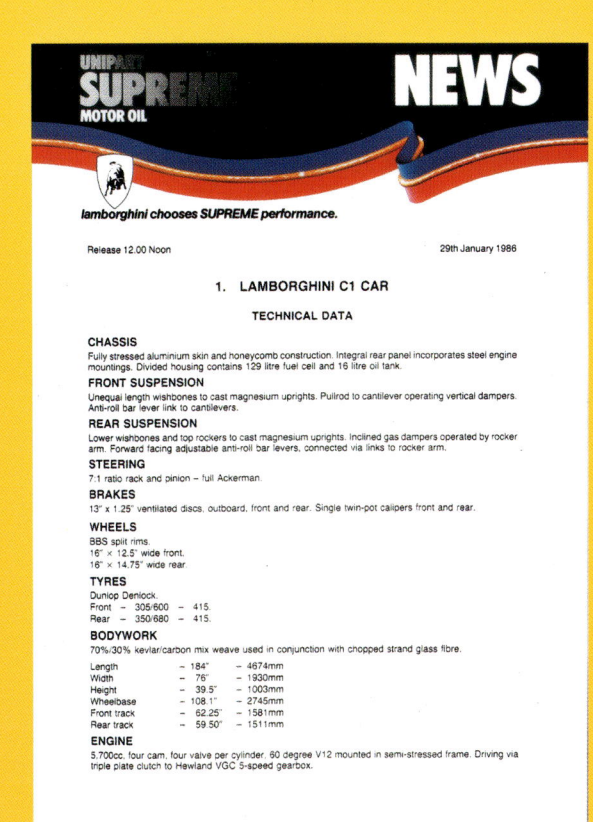

SUPERCARS — LAMBORGHINI COUNTACH | 147

25° ANNIVERSARIO
25ᵀᴴ ANNIVERSARY

L'ultima versione della Countach deve la sua esistenza ad un ritardo nell'evoluzione dei programmi Lamborghini. La Diablo, erede della Countach, progettata da Luigi Marmiroli, è essenzialmente definita al termine degli anni Ottanta, ma problemi di varia natura ne posticipano più volte l'ingresso in produzione. La Countach deve quindi continuare a rimanere in listino sin quando non sarà possibile offrirne l'erede ai clienti. Fra l'altro è ormai vicina l'importante ricorrenza del venticinquesimo compleanno della Lamborghini. Ecco che sarà allora proprio la Countach ad omaggiare l'anniversario con una versione celebrativa. Nel dicembre del 1987 il direttore generale Gianfranco Venturelli incarica del compito Horacio Pagani. Originario della provincia argentina di Santa Fe, Pagani racconta simpaticamente di avere lasciato il poster di una Countach nera appeso

The final version of the Countach owed its existence to a delay in the evolution of Lamborghini's programmes. The Diablo, heir to the Countach, designed by Luigi Marmiroli, had essentially been defined at the end of the 1980s, but various problems delayed its production on several occasions. The Countach therefore had to remain in the marque's catalogue until it was possible to offer clients a worthy heir. Moreover, we were by now approaching the important celebrations for the 25ᵗʰ anniversary of Lamborghini. It was to be the Countach itself that paid tribute to that particular anniversary with a special commemorative version. In December 1987, the general director Gianfranco Venturelli handed the project to Horacio Pagani. Born in the Argentine province of Santa Fe, Pagani tells the story of how he left a poster of a black Countach

nella sua cameretta in Sud America. Giunge in Lamborghini nel 1983, all'età di ventotto anni, e ha un ruolo attivo nella progettazione del prototipo Evoluzione. Si occupa anche di seguire le personalizzazioni specificatamente richieste da particolari clienti.

La Countach Anniversary è pronta nel marzo 1988 e si presenta rivista in numerosi elementi. Si dichiara anzi che praticamente quasi la metà delle intere componenti della macchina è stata oggetto di modifiche. Ferme restando le linee di base, anteriormente la Countach del 25° ha un nuovo disegno di paraurti, spoiler, faretti supplementari e condotti per il raffreddamento dei freni. Si va verso una migliore armonia esteriore e una più elevata efficacia aerodinamica, limando gli spigoli e uniformando i motivi grafici alle feritoie introdotte con le minigonne della Quattrovalvole 88.5, qui riproposte invariate e la cui profilatura rispetta anche le norme di salvaguardia verso i ciclisti. Oltretutto il nuovo paracolpi risponde

pinned to the walls of his bedroom in South America. He joined Lamborghini in 1983, at the age of 28 and played an active role in the design of the Evoluzione prototype. He also dealt with customization projects specifically requested by individual clients.

The Countach Anniversary was ready in March 1988 and presented numerous revised elements. It was stated, in fact, that close to half of all the car's components had been subjected to modifications. While underlying design remained the same, the 25th anniversary Countach featured restyled bumpers, spoilers, supplementary lights and brake cooling ducts. A more harmonious exterior was sought, together with more efficient aerodynamics, with the sharp angles being softened and the graphic motifs brought into line with the side skirts of the Quattrovalvole 88.5, reprised unchanged here with the profile respecting the cyclist safety norms. Above all, the new bumper responded perfectly to the homologation regulations

Due immagini tratte dalla brochure della Countach Anniversary.

Two shots from the Countach Anniversary brochure.

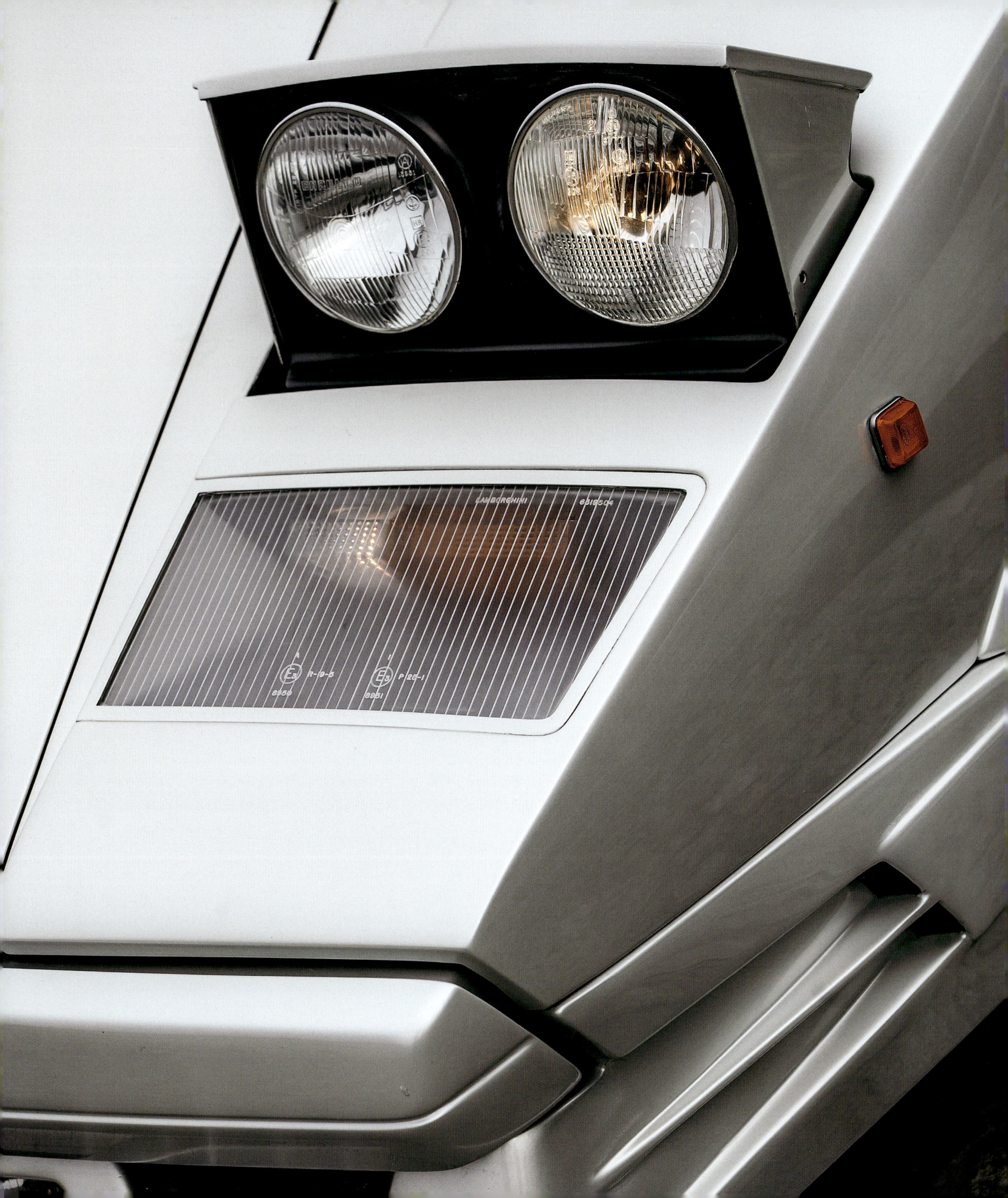

Diverse prese d'aria a orientamento longitudinale caratterizzano la versione Anniversary, che arrotonda alcuni spigoli nella carrozzeria assumendo così un aspetto più addolcito.

Different longitudinal air intakes characterised the Anniversary version, in which several bodywork work creases were rounded out to give a softer overall appearance.

perfettamente alle norme d'omologazione richieste per il mercato statunitense. I fari supplementari sono un po' più piccoli e il musetto risulta maggiormente pronunciato. Le linee longitudinali caratterizzano anche le prese d'aria del motore, che adesso si allungano sin quasi alla coda dell'auto. Leggermente differente anche il rialzo sul cofano motore. Meglio raccordato alla carrozzeria è il profilo degli archi passaruota. Nella zona posteriore compare un elegante paraurti che integra bene le luci retronebbia. In coda è apposto il logo del 25° in due rami di alloro. La presa Naca è verniciata in tinta con la vettura. Inediti i cerchi ruota con canale scomponibile e con pneumatici Pirelli P Zero. Le modifiche estetiche apportate tendono contemporaneamente a confermare ed innovare. È un'operazione che impone cautela: la Countach è un'auto di grande impatto emotivo e di fondamentale importanza strategica. Se da un lato si richiede di intervenire per conferire un tocco di am-

in force for the United States market. The supplementary lights were a little smaller and the nose more pronounced. The longitudinal lines also characterised the engine air intakes, which were now elongated almost as far as the car's tail panel. The hump on the engine cover was also slightly different. The profile of the flared wheel arches was now better integrated with the body. At the rear an elegant bumper design neatly incorporated the rear fog lights. The 25 logo was added to the tail, set between two laurel branches. The Naca duct was finished in the same colour as the rest of the car. The new split rim wheels were shod with Pirelli P Zero tyres. The stylistic modifications that were made tended to both confirm and innovate the basic design. It was an operation that demanded caution: the Countach was a car of great emotive impact and fundamental strategic importance. While on the one hand a degree of modernization was required, on the other care was needed to

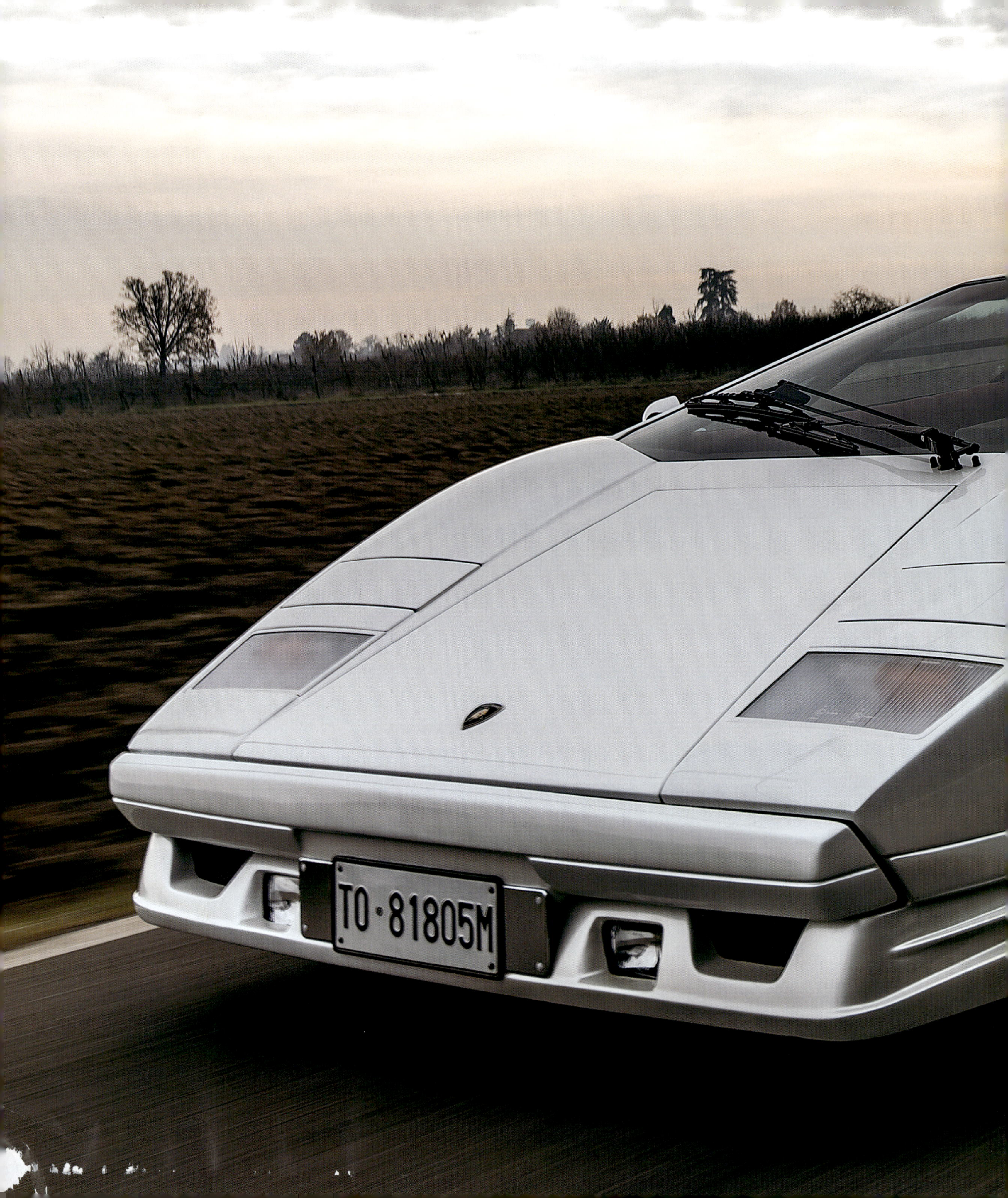
TO 81805M

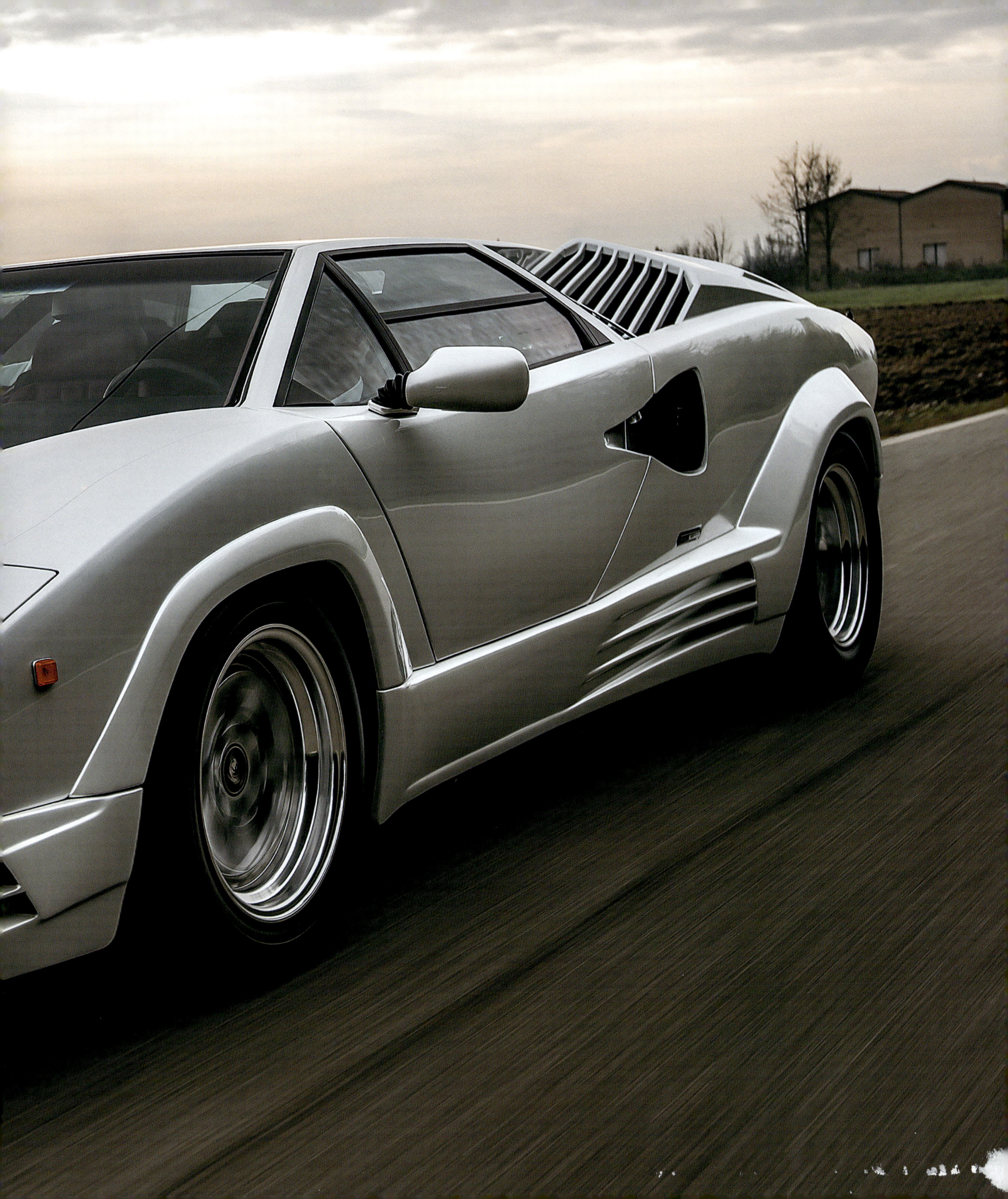

25° ANNIVERSARIO

modernamento, dall'altro occorre impiegare attenzione per tutelare i canoni portanti della larga stima riscossa negli anni.

Nella dotazione interna, la Anniversary rispecchia le sopraggiunte e imprescindibili esigenze di una clientela desiderosa di comfort anche a bordo delle vetture supersportive. Oltre al climatizzatore automatico già introdotto con la Quattrovalvole, la Countach viene dotata di alzacristalli elettrici e di sedili di forma più improntata alla comodità di viaggio piuttosto che alla guida fra i cordoli di una pista. Finalmente, dunque, schienale e cuscino hanno articolazione separata e la loro regolazione avviene attraverso motorini elettrici. Tuttavia i sedili della precedente Quattrovalvole rimarranno disponibili a richiesta per soddisfare coloro che nella Countach desiderano lasciare lontana ogni forma di compromesso con la comodità. Nuovo anche il disegno del volante.

Tecnicamente, a fronte di un motore invariato rispetto a prima, la Countach celebrativa riceverà modifiche

In alto, dettaglio della zona posteriore, con il paraurti di nuovo disegno che incorpora le luci retronebbia; sopra, il logo del venticinquesimo anniversario dalla Countach.

Top, close-up of the rear end, with the new bumper design that incorporated the rear fog lamp; above, the logo celebrating the 25th anniversary of the marque.

safeguard the styling canons that had enjoyed such success over the years.

The interior specification of the Anniversary reflected the new and unignorable demands of a clientele looking for creature comforts aboard even the most extreme supercars. Along with the automatic air conditioning introduced on the Quattrovalvole, the Countach was equipped with electric windows and seats more suited to long-distance touring than driving between the kerbs of a race track. The backrest and seat cushion were finally given separate adjustment mechanisms which were electrically actuated. However, the seats of the earlier Quattrovalvole remained available on request for those who had no interest in compromises in the name of comfort aboard their Countach. The steering wheel design was also new.

In terms of its technical specification, while the engine remained the same, the celebratory Countach received modifications to the suspension, the set-

Il nuovo disegno delle prese d'aria per il motore e della gobba posteriore.

The new design of the engine air intakes and the rear hump.

al comparto delle sospensioni alla cui calibrazione collaborerà anche Sandro Munari, celebre campione del mondo rally a quel tempo responsabile delle Pubbliche Relazioni in Lamborghini. Saranno nuovi i punti d'attacco e differenti i valori della rigidità degli ammortizzatori, il tutto nella direzione di una maggiore comodità e di caratteristiche di guida meno impegnative.

Una produzione di 160-170 unità avrebbe garantito il rientro della somma di circa un miliardo di lire stanziata per la definizione della Countach Anniversary e il piano finanziario sarebbe stato definito altamente redditizio se si fosse raggiunta la soglia delle 300 macchine.

La produzione si fermerà il 4 luglio del 1990, con un bilancio di ben 658 esemplari costruiti. Per l'occasione le maestranze Lamborghini poseranno davanti all'ultimo esemplare, di colore argento, con un grande cartello "Grazie Countach".

tings of which benefitted from the input of Sandro Munari, the World Champion rally driver who at that time was head of public relations at Lamborghini. New shock absorber mounts and ratings were designed to provide improved comfort and less demanding handling.

A production run of 160-170 units would have guaranteed a return on the sum of around a billion Lire invested in the definition of the Countach Anniversary, while the financial plan would have been highly profitable had a total of 300 cars been produced.

Production drew to a close on the 4th of July 1990, with a total of no less than 658 examples having left the factory. For the occasion, the Lamborghini workforce posed in front of the final example, finished in silver, and a large banner reading "Grazie Countach".

COUNTACH L 150

Due linee di pensiero si prospettarono in Lamborghini quando si trattò di decidere l'avvicendamento commerciale della Countach. Giulio Alfieri caldeggiava un profondo restyling della macchina, Luigi Marmiroli era invece per un modello completamente nuovo. Alfieri giunse alla realizzazione di un prototipo – allestito in tinta rossa – che appariva come il frutto di un'attenta cura aerodinamica apportata alla Countach. Vennero eliminate le prese laterali alle portiere e si sacrificarono anche le caratteristiche gobbe per l'ingresso d'aria al motore, sostituite da due estese branchie a lamelle. I fianchi posteriori apparivano di profilo autonomo, svincolati dall'andamento della coda. Dai finestrini risulta abolito il tratto di divisione orizzontale. Alla macchina venne dato nome ufficiale L 150 ma qualcuno le conferì il più rappresentativo soprannome di Countach Aerodinamica. Tuttavia ad essere preferita fu l'idea di Marmiroli, e nel gennaio del 1990 la clientela Lamborghini assistette alla presentazione della Diablo.

There were two schools of thought at Lamborghini when it came to deciding the commercial future of the Countach. Giulio Alfieri pressed for a thorough restyling of the car, Luigi Marmiroli instead called for an all-new model. Alfieri went as far a producing a prototype – finished in red – which appeared to be the fruit of painstaking aerodynamic improvements made to the Countach. The side intakes on the doors were eliminated and the characteristic engine air scoops were sacrificed in favour of two extensive louvred gills. The rear flanks appeared to have their own independent profile, freed from the configuration of the tail. The horizontal divider was eliminated from the side windows. The car was given the official name L 150, but the were those who gave it the more representative nickname of Countach Aerodinamica. However, Marmiroli's idea was preferred and in the January of 1990 the Lamborghini clientele were treated to the presentation of the Diablo.

La L 150 si mostra con un aspetto più razionale ma meno esclusivo della Countach. Essa rimase allo stadio di prototipo e fu poi rilevata da un collezionista del Marchio.

The L 150 presented a more rational but less exclusive appearance than the Countach. The car remained at the prototype stage and was later bought by a collector of the marque.

Una storia importante

La Countach ha reso famoso e immortale il marchio Lamborghini. Le sue caratteristiche estetiche e tecniche, unite alla noncuranza con cui, per ben sedici anni, la supercar di Sant'Agata ha ignorato temi di comfort, dotazione di accessori e dispositivi di sicurezza, ne hanno fatto una vera icona dell'automobilismo.

Il dato di duemila esemplari prodotti va approfondito per mettere in luce come ogni variante della Countach abbia totalizzato numeri di vendita superiori alla versione che sostituiva. Questo conferma l'apprezzamento indiscusso nei confronti del modello a dispetto di esigenze via via sempre più importanti ma che la clientela ha derogato molto volentieri davanti alla Countach, confermando in questo modo la sua evidente unicità, il suo essere al di sopra di ogni canone di conformismo automobilistico.

Per questo suo profondo carisma, la Countach è riuscita - praticamente da sola - a garantire magistralmente la sopravvivenza della Lamborghini, forte di una clientela che non prendeva in considerazione alcuna altra scelta. Il 4 luglio del 1990 l'ultima Countach assemblata ha dietro di sé la prima Diablo costruita. Quel giorno finisce la storia commerciale e inizia la leggenda.

An important story

The Countach made the Lamborghini marque famous and immortal. Its stylistic and technical characteristics, combined with the nonchalance with which, for no less than 16 years, the Sant'Agata supercar ignored questions of comfort, accessories and safety devices, had made it a true automotive icon.

It is worth analysing the production total of 2,000 examples to shed light on how the sales figures of every version of the Countach out did the one it replaced. This confirmed the undisputable popularity of the model despite the increasingly important demands of the market but which the Lamborghini clientele willingly waived for the Countach, thereby emphasising its unique qualities, its existence above and beyond the canons of automotive conformity.

Thanks to its immense charisma, the Countach succeeded - practically on its own - in guaranteeing the survival of the Lamborghini marque, creating a loyal clientele that would take no other model into consideration.

On the 4th of July 1990, the last Countach to be assembled had the first Diablo close behind it. On that day the commercial story ended and the legend began.

Nella foto in alto della pagina a fianco, le raffinatezze introdotte all'interno della Anniversary: climatizzatore a gestione elettronica e alzacristalli a comando elettrico con pulsanti posizionati nel grande tunnel fra i sedili.

In the top photo on the facing page, the refinements introduced to the interior of the Anniversary: electronic air conditioning, and electric windows with the controls located on the broad tunnel between the seats.

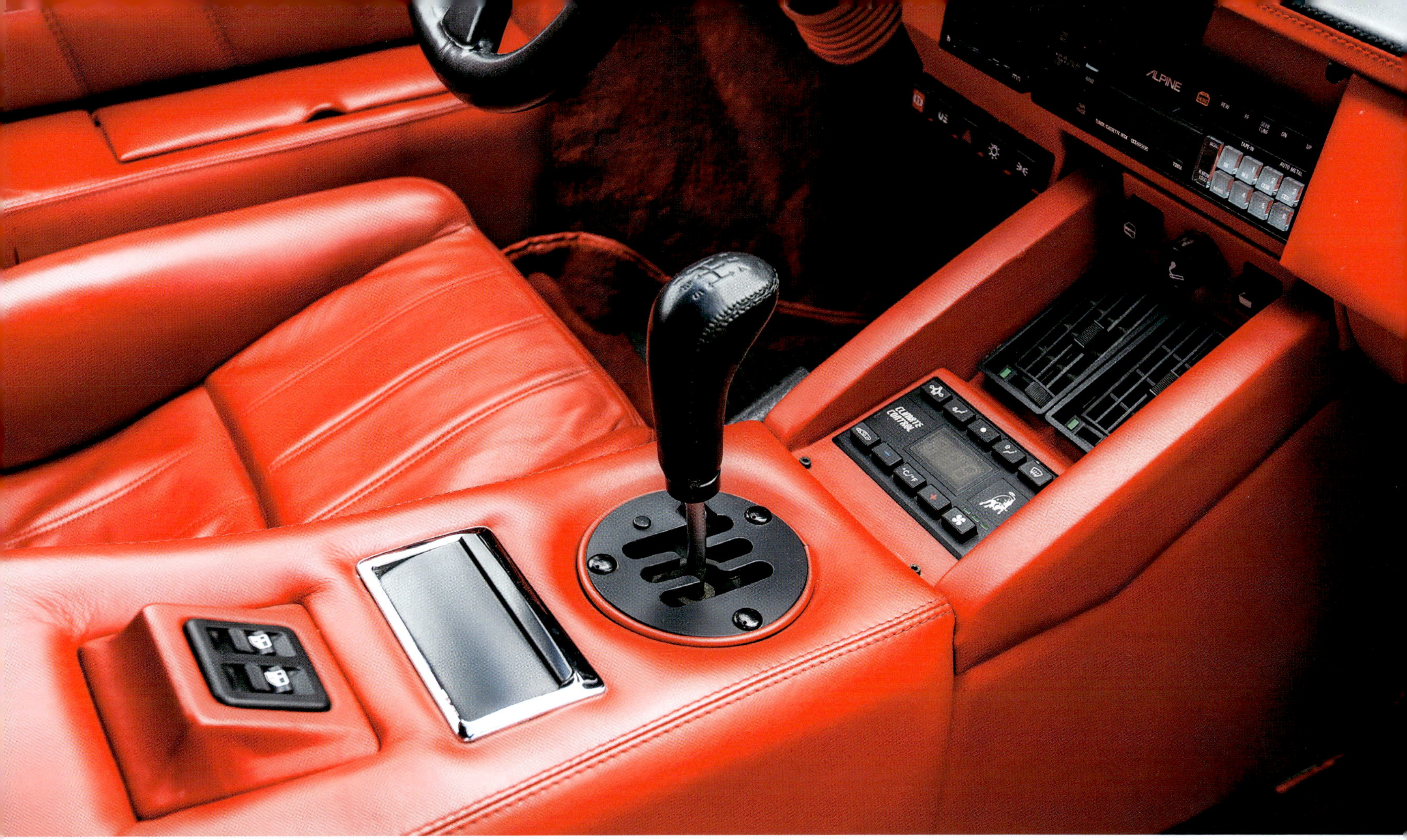
ALPINE
CLIMATE CONTROL

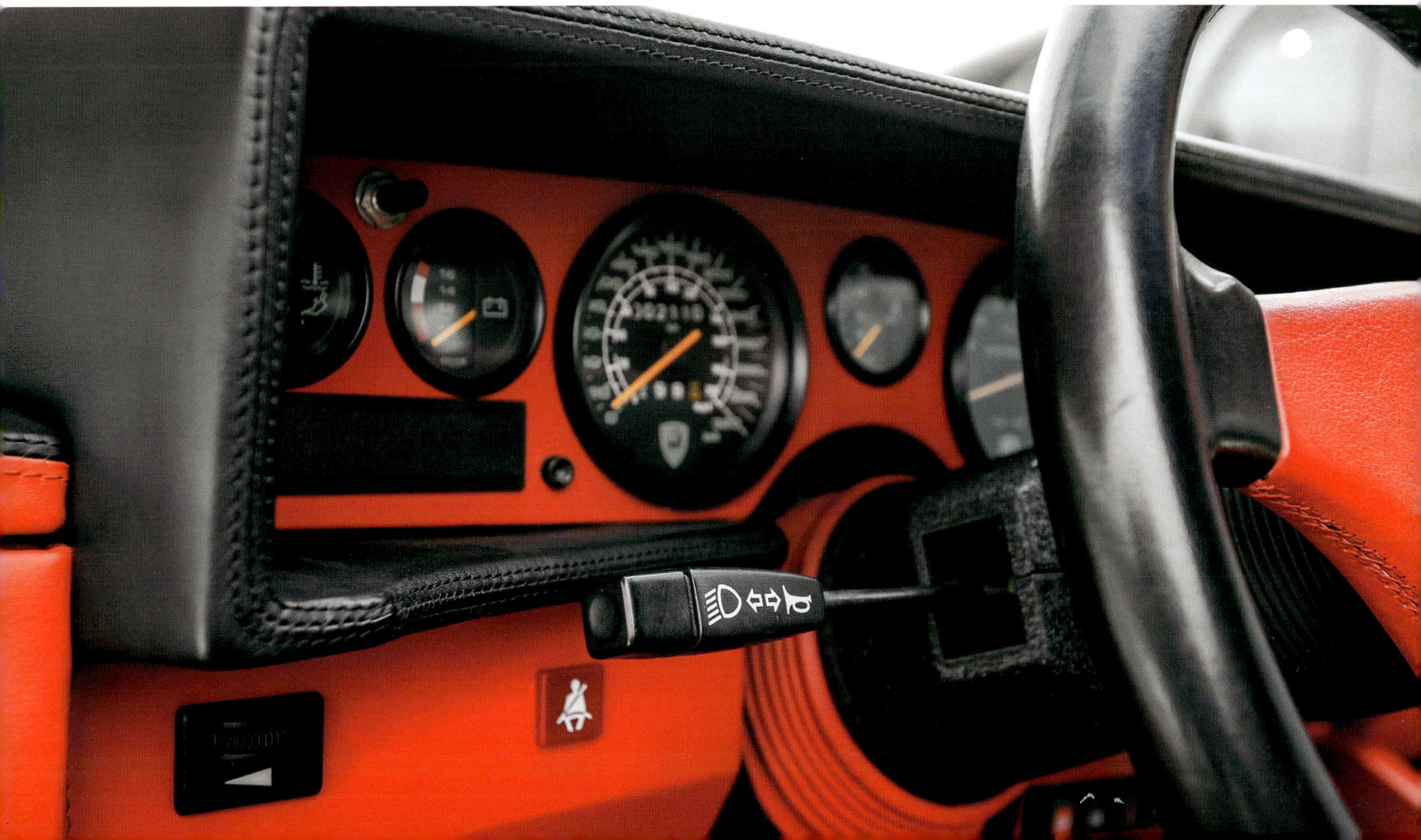

25° ANNIVERSARIO

A fianco, la leva del freno a mano rivestita con una cuffia in pelle e, sotto, una vista del vano motore.

Left, the handbrake lever with a leather gaiter and, below, a view of the engine bay.

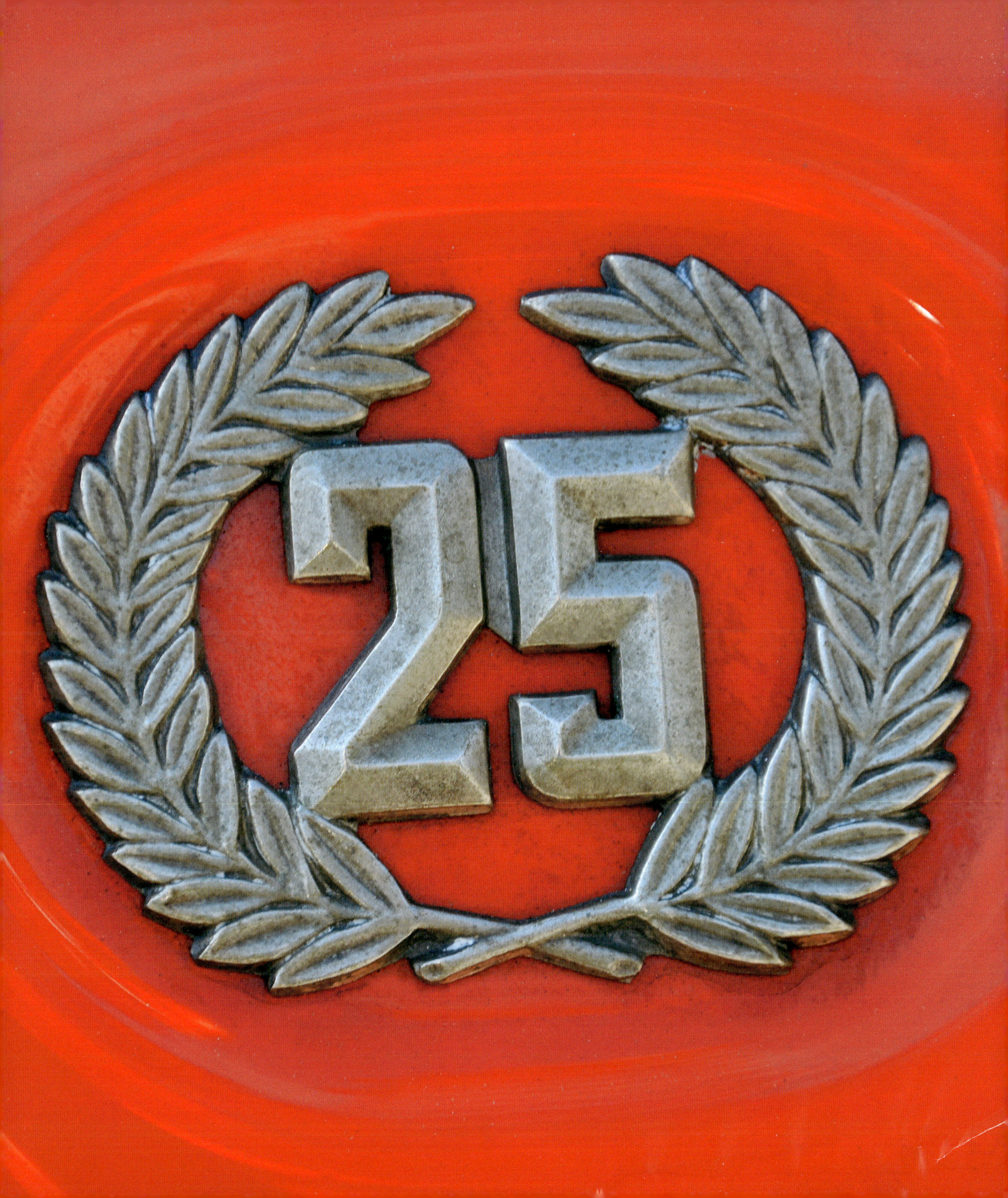
25

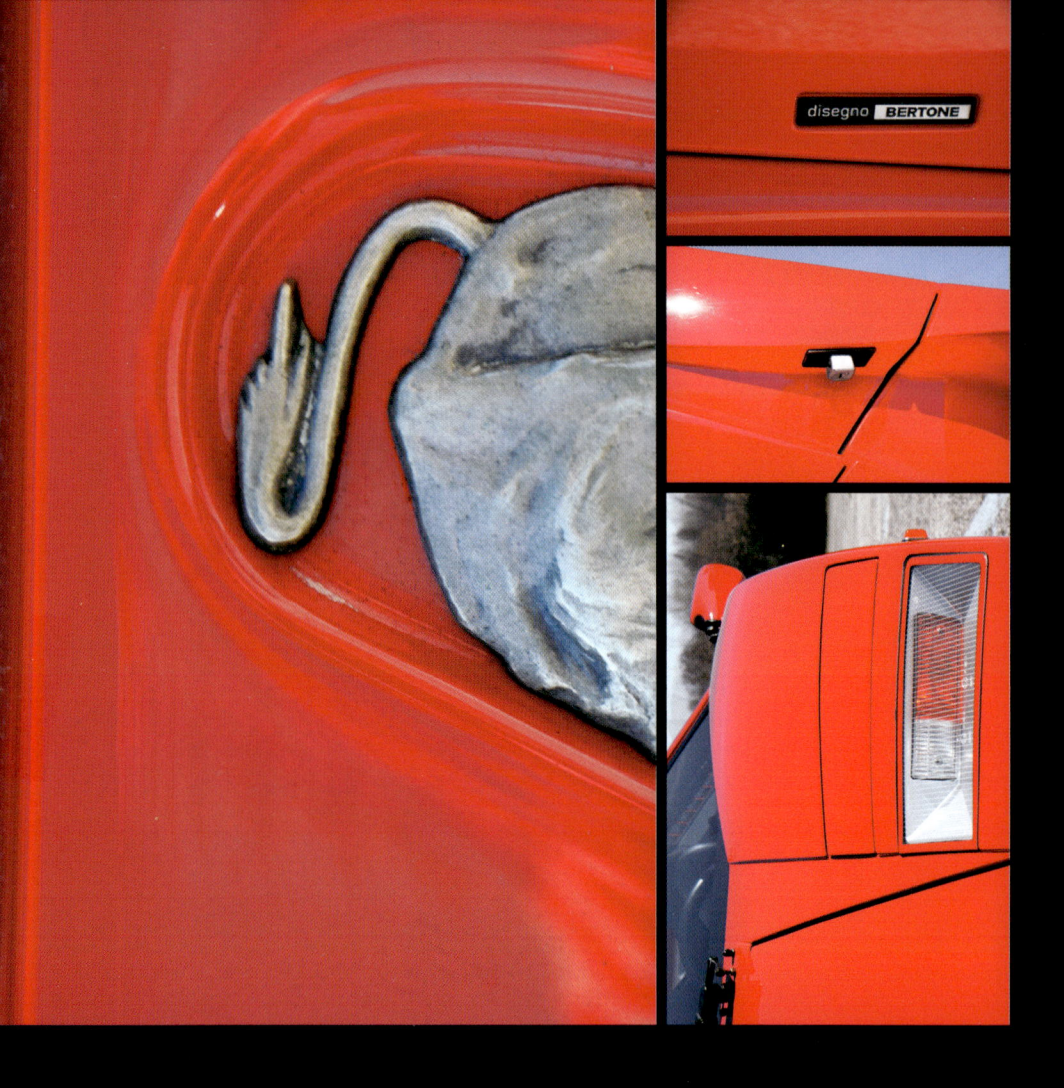

Fra i tratti peculiari della
Countach Anniversary spiccano
i cerchi ruota scomponibili di
specifico disegno.

*Among the distinguishing
features of the Countach
Anniversary were the dedicated*

SUPERCARS LAMBORGHINI **COUNTACH** | 163

COUNTACH LP1 800-4

A cinquant'anni esatti dalla presentazione della LP 500 a Ginevra, il nome Countach torna a battezzare un nuovo modello Lamborghini. È la LPI 800-4, che nella sigla sintetizza gli 800 cavalli di potenza del propulsore e la trazione a quattro ruote motrici. Disegnata da Mitja Borkert, a capo del Centro Stile Lamborghini, la linea della Countach del XXI secolo è fortemente ispirata all'illustre progenitrice. Dotata di motore – immancabilmente longitudinale posteriore – a 12 cilindri a V di 6498 cm³, la nuova Countach si avvale di un sistema di propulsione ibrida a 48 Volt capace di una potenza di 34 CV che, sommati ai 780 dell'unità termica, portano la potenza totale della macchina a 814 CV. In ossequio alla sigla di progetto della Countach originaria, la tiratura della LPI 800-4 è stata stabilita in 112 unità.

Il 2021 è anche l'anno di un ulteriore tributo alla Countach, con la ricostruzione del prototipo LP 500 grazie all'opera congiunta di Polo Storico Lamborghini e Fondazione Pirelli.

Exactly 50 years from the presentation of the LP 500 in Geneva, the Countach name returned to baptise a new Lamborghini model. This is the LPI 800-4, with the name combining the 800 horsepower of the engine and the four-wheel drive transmission system. Designed by Mitja Borkert, head of the Lamborghini Styling Centre, the lines of the 21st century Countach are clearly inspired by those of its illustrious forebear. Equipped with 6498 cc V12 engine – naturally installed longitudinally – the new Countach boasts a 48-Volt hybrid propulsion system capable of developing 34 hp that, added to the 780 hp of the internal combustion engine, take the total power output of the car to 814 hp. In a nod to the project number of the original Countach, a production run of 112 units of the LPI 800-4 has been signed off.

2021 was also the year of a further tribute to the Countach, with the reconstruction of the LP 500 prototype thanks to the combined efforts of the Polo Storico Lamborghini and the Fondazione Pirelli.

Prese d'aria sotto la striscia del musetto, linea trapezoidale per la forma del cofano, fessura per l'ingresso d'aria nell'abitacolo, inserto in vetro sul tetto a forma di... periscopio: la sezione anteriore della Countach LPI 800-4 è un eccellente tributo allo stile dell'illustre antenata.

Air intakes below the strip nose, a trapezoidal bonnet shape, a cabin air intake slot, a glass insert in the roof in the form of a... periscope: the front section of the Countach LPI 800-4 is an excellent tribute to the style of its illustrious forebear.

SUPERCARS · LAMBORGHINI COUNTACH · 165

L'autore intende ringraziare:

Pietro Camardella: mi ha letteralmente confessato di cedere agli attacchi di countachite e, a seguito di essi, di non riuscire a fermarsi se c'è da raccontare e sviscerare particolarità in merito alla supercar di Sant'Agata; non ha mancato di rispondere a nessuna delle mie numerosissime domande, mostrando una passione, una competenza e una gentilezza (nonché una capacità di sopportazione) magnifiche.
Chiara Stanzani: quando le ho detto che stavo scrivendo un libro sull'auto progettata dal suo papà mi ha inviato foto, ricordi, link, numeri di telefono e tutto ciò che via via le veniva in mente; superlativo avere reperito le immagini della LP 500 in Sicilia: le avevo cercate ovunque, le ho trovate solo per merito della sua grandissima disponibilità.
Antonio Salvador, per i suoi dettagliati racconti in merito a quanto vissuto personalmente in Lamborghini presso il Reparto Esperienze e Ufficio Tecnico.
Claudia Gandini, per aver rivestito l'efficace ruolo di cortese e garbata intermediaria tra me e il celebre marito unanimemente riconosciuto come maestro dello stile automobilistico.
Marcello Gandini, per avere accettato l'idea di esprimere un pensiero individuale nella prefazione del libro.
Valentino Balboni, per la sua immensa disponibilità, modestia e cultura che in un battito di ciglia hanno risolto dubbi a cui proprio non trovavo soluzione.
Horacio Pagani, per avermi raccontato, con voce piena di entusiasmo, le particolarità della Countach Anniversary.
Emilio Paltrinieri: la sua esperienza imprenditoriale nella compravendita di ricambi della Countach è stata fondamentale a reggere, stoicamente e con pazienza, la mia valanga di domande inoltrate al telefono, via WhatsApp, in mail, lungo tragitti autostradali, nell'ora di pranzo, alla vigilia di Pasqua…
Claudio Achilli, per avermi chiamato dopo meno di cinque minuti dalla mia richiesta di contatto telefonico e aver condiviso i suoi vivaci ricordi di concessionario ufficiale.
Valdi Artico, per l'accoglienza effettuosa e il genuino entusiasmo con cui ha concesso la sua Countach agli scatti fotografici; nel breve trasferimento in macchina dal garage alla location mi ha fatto sentire all'interno di una leggenda.
Franco Castelli e Sergio Donna, per la consulenza storica e linguistica sul termine piemontese "countàch".

My thanks go to:

Pietro Camardella: he literally confessed to suffering bouts of countachitis, following which he is unable to stop himself if there is to talk about and discuss aspects of the Sant'Agata supercar; he never failed to reply to any of my numerous questions, displaying magnificent passion, expertise, and kindness (along with great patience).
Chiara Stanzani: when I told her I was writing a book about the magnificent car designed by her father she sent me photos, memories, links, phone numbers and everything else that gradually came to mind; it was wonderful that to find the photos of the LP 500 in Sicily: I had searched everywhere for them and only came across them thanks to her invaluable help.
Antonio Salvador, for his detailed accounts of his personal experiences at Lamborghini in the Testing Department and the Technical Office.
Claudia Gandini, for having so efficiently acted as a polite and courteous intermediary between me and her famous husband, universally recognised as the master of automotive styling.
Marcello Gandini, for having accepted the idea the idea of expressing a personal comment in the preface to this book.
Valentino Balboni, for his great kindness, modesty, and culture, for having resolved in the blink of an eye doubts for which I simply been unable to find a solution.
Horacio Pagani, for having described to me, with such great enthusiasm, the special features of the Countach Anniversary.
Emilio Paltrinieri: his commercial experience in the buying and selling of Countach parts was fundamental in supporting, stoically and with great patience my avalanche of questions via the telephone, WhatsApp and email, along stretches of autostrada, at lunchtime, on Easter Saturday…
Claudio Achilli, for having called less than five minutes after my request for a telephone contact and for having shared his vivid memories of his time as an official concessionaire.
Valdi Artico, for his affectionate welcome and the genuine enthusiasm with which he made available his Countach for the photographs; during the brief trip in the car from his garage to the location he really made me feel that I was sitting in a legend.
Franco Castelli and Sergio Donna, for their historical and linguistic consultancy regarding the Piedmontese term "countàch".

Bibliografia e videografia / *Bibliography and videography*

Jeremy Coulter, *Lamborghini Countach LP 400, LP 500 S*, Libreria dell'Automobileù
Otto Grizzi, *Lamborghini, la splendida antagonista*, Giorgio Nada Editore
Tonino Lamborghini, *Ferruccio Lamborghini, la storia ufficiale*, Minerva
Daniele Buzzonetti, *Lamborghini, 50 anni di fascino e passione*, Artioli Editore
Matthias Pfannmüller, *Lamborghini Testdriver*, Hubelhouse
Stefano Pasini, *Lamborghini Countach*, Automobilia
Antonio Ghini, *Lamborghini: dove, perché, chi, quando cosa*, Mondadori Electa
Lamborghini. With Italy for Italy, Skira
Vittorio Falzoni Gallerani, *Paolo Stanzani*, ASI Editore
Quattroruote, Editoriale Domus
Top Gear, Editoriale Domus

Automobilismo d'Epoca, Edisport
La Manovella, ASI editore
Auto d'Epoca
https://wwwviamodena.wordpress.com Elisabetta Masini e/*and* Maria Cristina Guizzardi
Drive Experience Davide Cironi
AutoItaliana, Editoriale Domus

Contributi fotografici / *Photographic contribution*
Chiara Stanzani per le foto di Paolo Stanzani provenienti dall'Archivio Stanzani
Francesco Patti, www.scattidauto.it

Finito di stampare
Printed by
D'Auria Printing
Agosto/*August 2022*